SAGGI

Dello stesso autore in edizione Garzanti:
Eppure cadiamo felici
Tutta la vita che vuoi
Più forte di ogni addio
Dormi stanotte sul mio cuore

ENRICO GALIANO

L'ARTE DI SBAGLIARE ALLA GRANDE

Garzanti

Prima edizione: agosto 2020
Prima ristampa: settembre 2020
Seconda ristampa: settembre 2020

Per essere informato sulle novità del Gruppo editoriale Mauri Spagnol visita:
www.illibraio.it

ISBN 978-88-11-81542-6

Finito di stampare nel mese di settembre 2020
da Grafica Veneta s.p.a., Trebaseleghe (PD)

Printed in Italy

www.garzanti.it

L'ARTE DI SBAGLIARE ALLA GRANDE

A Rudy, mio fratello

«Chi evita l'errore elude la vita.»
CARL GUSTAV JUNG, *Discorsi*

«Vuoi davvero essere grande? E allora devi avere il coraggio di sbagliare alla grande e di restare lo stesso in circolazione. Lascia che si chiedano cos'hai ancora da ridere! Questa è la vera grandezza per me.»
KIRSTEN DUNST, *Elizabethtown*

«D'oh!»
HOMER SIMPSON

Nota dell'autore

Gli scritti raccolti in questo libro sono la trascrizione il più possibile fedele di incontri con gli studenti delle scuole secondarie di primo e secondo grado, avvenuti in varie città d'Italia tra il 2017 e il 2019, oltre che di lezioni tenute in classe nel corso di quasi quindici anni di insegnamento. I riferimenti autobiografici sono reali ma, per ovvi motivi, quasi tutti i nomi sono stati cambiati.

Le persone più sveglie che conosco
sognano di continuo.
Le persone più sane che conosco
fanno cose assurde, avventate, senza senso.
Le più intelligenti
parlano che le capiscono anche i bambini,
le più forti è un sussurro la loro voce,
e le più serie ridono, ridono sempre.
Le più giuste hanno fatto errori che non si aggiustano,
e le più vive, le più vive, sono morte tante volte:
e ogni volta, poi, di nuovo
di nuovo sono nate.

1.
DIECI PALLEGGI
Gli errori che si ripetono per una vita

«Ieri è storia, domani è un mistero, ma oggi è un dono.
Per questo si chiama *presente.*»
MAESTRO OOGWAY, *Kung Fu Panda*

Una volta Freud ha detto che non facciamo poi tanti errori nella nostra vita: facciamo sempre gli stessi, solo ripetuti infinite volte.

Avevo quasi trent'anni, facevo il cameriere, vivevo in affitto da solo. La mia ultima ragazza mi aveva appena mollato in modo truce, preferendomi un tipo con gli occhi verdi e l'hobby delle droghe leggere. Ero appena riuscito a pubblicare un libro con una piccola casa editrice, ma non l'aveva letto quasi nessuno. Ne avevo altri quattro o cinque a prendere polvere nel PC, rifiutati da tutti gli editori. Gli amici mi lanciavano sguardi compassionevoli, di quelli che si rivolgono al tipo strano della compagnia, che ha il cassetto pieno di sogni, ma sogni lontani anni luce dalla realtà.

Ero già sul punto di dire: "Ok, è andata, ci hai provato, almeno non sei finito in galera, accontentati!", quando un bel giorno arrivò *quella domanda.* Perché arriva sempre, anche se non vuoi. Ti aspetta dietro lo specchio davanti al quale passi sempre più velocemente, per non vederti invecchiato, o nelle canzoni trasmesse a tradimento dalla radio, quelle che ti fanno cambiare stazione perché ti ricordano chi eri o chi avresti potuto essere.

E la domanda era: «Ma io, dove ho sbagliato?».

Ognuno ha il suo errore

Quello che ripete per una vita intera. Io ci ho messo un po' a trovare il mio: in effetti, si nascondeva bene, fra i tanti che ho commesso. Poi però ho capito che Freud aveva proprio ragione: il mio errore più grande, io, l'ho fatto a otto anni. Poi non ho più smesso di rifarlo.

Sì, era già lì a farmi compagnia quando ero solo un bambino e dopo non se n'è più andato, tanto che è ancora qui che mi guarda, adesso. Io lo sento, ogni volta che mi chiama: vorrebbe che lo rifacessi, che ci ricascassi, che lo ripetessi, così come infinite volte l'ho ripetuto. Come quei film particolarmente riusciti che riguarderesti tutti i giorni, ipnotici, perfetti: io lo cerco e lui mi cerca, sempre.

Andò così.

Avevo un sogno, all'epoca: diventare un calciatore. Del Milan, per essere precisi. Fantasticavo già sulle partite, che inscenavo nei pomeriggi passati nel parcheggio sotto casa: il muro era la porta di San Siro, i condomini intorno gli immensi spalti, il mio Tango tutto scolorito un pallone da veri professionisti. Giocavo lunghissime partite di cui facevo la telecronaca a voce alta, mi passavo la palla da solo, tiravo, segnavo, esultavo. Più che un sogno, per me era certezza: sarei diventato un calciatore. Solo al mattino, a scuola, mi scontravo con la dura realtà: all'ingresso, in cortile, i miei compagni si vantavano di quanti palleggi riuscivano a fare. Chi trenta, chi cinquanta, chi cento. Il mio record personale di palleggi invece era *quattro*. Non ero esattamente una giovane promessa, insomma. Così ricordo che un pomeriggio mi misi d'impegno: "Se ci riescono loro, perché non posso farlo anch'io?". Mi diedi come obiettivo dieci palleggi, per quel giorno. Non volevo esagerare: bastava un traguardo che fosse alla mia portata. Così presi il mio bel pallone Tango tutto sporco e con l'inchiostro quasi sbiadito, e cominciai.

Uno.

Due.

Tre.

Niente, la palla mi sfuggì via.

"Dai, riproviamo."

Uno.

Due.

Tre.
Quattro.
Niente.
"Be', non male: intanto ho appena eguagliato il mio record!" pensai. Così ripresi la palla e ci riprovai. Riuscii a farne prima cinque, poi sei, poi sette. Allora non era così difficile come mi era sempre sembrato! Una sensazione che avrei riscoperto molte volte nella vita: all'uva, a forza di provarci e riprovarci, la volpe ci può arrivare. Forse non sempre, ma qualche volta sì. Quella poteva essere la mia uva: altro che dieci, con un po' di costanza ne avrei fatti facilmente anch'io trenta, cinquanta, cento! Così ci misi ancora più impegno, lì in quel parcheggio da solo, e in pochi minuti arrivai a otto, nove palleggi.

E poi accadde. Me lo ricordo come fossi ancora lì, ancora io, il bambino con il Tango.

Uno.
Due.
Tre.
Quattro.
Cinque.
Sei.
Sette.
Otto.
Nove.

E lì lo feci: buttai via la palla. Al decimo palleggio, la lanciai lontano e smisi di provarci.

Tutto qua? Questo è stato il più grande errore della mia vita?

Sì. Questo.

Lo so, vista da qui è una cosa così insignificante che sembra niente. Non sembra neanche un errore: in fondo, avevo detto che ne avrei fatti dieci, no? Basta, missione compiuta: nessun errore!

Invece no, perché lo stesso gesto piccolo e insignificante di un bambino di otto anni con il suo pallone scalcinato in un parcheggio dove nessuno lo vedeva, l'ho ripetuto tale e quale, un po' più grande ogni volta, finché è diventato un'onda che mi ha travolto e mi ha trasformato nel tipo d'uomo che, alla soglia dei trent'anni, evitava di guardarsi allo specchio e si chiedeva dove stesse sbagliando.

Marta e quel rigore di Roberto Baggio

La prima replica di quell'errore è andata in scena quando avevo diciassette anni. Di preciso, l'anno in cui ho conosciuto Marta.

Ah, Marta.

Il mio primo vero grande amore. Quello devastante, quello che ti fa smettere di dormire e di mangiare, quello che vai in profumeria solo per dare un'annusata al suo profumo e spruzzartelo addosso per sentirla vicina a te.

C'era solo un piccolo problema per me e lei, anzi due: il primo problema era che Marta nel paesino dove abitavo era in cima alla lista dei desideri di tutti i miei coetanei. A quell'età è facile che i ragazzi si lascino impressionare da alcune doti fisiche delle ragazze – non che crescendo la cosa cambi molto… – e Marta, diciamo, aveva *due* doti fisiche importanti. Insomma: tutti la volevano, non solo io.

Il secondo problema, che era anche il più grosso, ero *io*. Sì, perché sebbene Max Pezzali non avesse ancora scritto quel trattato filosofico imprescindibile che è *La regola dell'amico,* sebbene i social fossero ancora molto di là da venire e la parola stessa nemmeno esistesse, io ero probabilmente il campione europeo di *friendzone*. Una lunga carriera alle spalle, cominciata già alle scuole elementari, faceva sì che come mi piaceva una, per una legge universale imperscrutabile lei chiariva subito di voler essere solo un'amica.

Fra l'altro, vista da qui, questa carriera ha un che di metodico, segue una specie di linea, una climax. In quinta elementare mi piaceva la bambina seduta davanti a me, Betty. Il mio compagno di banco, Pierpaolo – infame, accidenti –, glielo andò a dire in cortile, senza il mio permesso; lei poi si avvicinò a me, che nel frattempo volevo solo sotterrarmi, e mi disse: «Enrico, ma tu sei… *sei mio amico!*».

In prima media mi piaceva un'altra compagna, Veronika: origini russe, occhi color del ghiaccio, bellissima e grande fan di Madonna. Stavolta non volevo fare lo stesso errore fatto con Betty, cioè starmene ad aspettare che gli eventi lavorassero da sé, perché il rischio era che lavorassero *contro* di me. Così glielo scrissi di mio pugno: ci provai con la mitica tecnica del bigliettino a casella multipla.

TI VUOI METTERE CON ME?

☐ SÌ ☒ NO

La cosa stupefacente fu che Veronika non rispose né sì né no, ma aggiunse una terza opzione, di sua creazione. Questa:

Ma Enrico, noi siamo migliori amici!

Non pago di tanti fallimenti, quando in terza media mi presi una cotta per la mia compagna di banco, Michela, ebbi la brillante idea di dichiararmi sul serio, faccia a faccia, di dirle quello che provavo per lei. Ok, sulle modalità forse ammetto di avere un pochino sbagliato tempi e modi: le proposi di uscire, sì, ma per essere un po' originale non scelsi le classiche mete che si possono proporre alla ragazza che ti piace quando hai tredici anni: bar, gelateria, cinema. No, io andai da Michela e le chiesi: «Ti andrebbe di venire a fare la spesa con me?».

Anche la scelta di dichiararmi a lei sul tragitto del ritorno, con le borse della spesa in mano, forse toglieva il pathos necessario perché ci potesse essere un barlume di sì, come risposta. Ma Michela segnò anche il record fino ad allora mai raggiunto nella mia carriera di *friendzone*, perché quando decisi di dirle che mi piaceva, lei mi diede una risposta che mi fece capire subito che con le donne, io, non avrei mai combinato niente.

«Ma, Enrico!»

«Sì?»

«Tu sei come *un fratello* per me!»

Ecco, questa a rigor di termini non si può neanche definire *friendzone*, ma *brotherzone*. E fu una pugnalata, perché a me Michela piaceva sul serio, ed ero in quell'età in cui l'amore comincia a fare male, a non essere più solo rose e cuoricini, ma mal di stomaco e spine. Infatti ci misi anni a guarire da quella scottatura e a provare a riavvicinarmi a una ragazza.

Poi arrivò Marta.

Il sentimento che provavo per lei non aveva niente a che fare con tutto quanto avessi provato prima. Era paura e desiderio, mi faceva ridere e piangere: i due estremi della passione si toccavano quando era vicino a me, con il piccolo problema che ero io a non poterla toccare, appunto perché ero in coda più o meno dopo altri mille. Tra quelli davanti a me, c'erano: il suo ex ragazzo bellissimo, un corteo di spasimanti molto più alti e attraenti di me e in genere chiunque non fosse così sfigato da farsi inserire nella casella "amici" da chiunque.

Solo che accadde l'incredibile, l'imponderabile, l'assurdo, il miracolo. Un pomeriggio di luglio, il telefono di casa mia squillò.

«Buongiorno, potrei parlare con Enrico?»

Era lei. Lei Marta. *Marta stava chiamando me.* Pizzicotti immaginari sulla pelle. Era tutto vero.

Stiamo ancora parlando dell'epoca del telefono con i fili, quando se volevi un po' di privacy dovevi avere una prolunga e portartelo in qualche stanza nascosta, altrimenti ogni orecchio della casa si sarebbe teso ad ascoltare cosa dicevi, preparandosi a rivolgerti uno sguardo interrogativo non appena avessi messo giù. Mi nascosi nello sgabuzzino e risposi.

«Marta!»

«Ciao, senti... stasera, no? C'è la partita!» fece.

Non era una sera qualunque. Era *la* sera. Finale del campionato del mondo di calcio. Italia-Brasile. Roberto Baggio. Pasadena. L'occasione che tutti aspettavano da una vita.

«Sì, certo! Andiamo a vederla insieme a tutti gli altri, in piazza, con lo schermo gigante!»

Accennavo al fatto che il programma, per tutti quelli della mia età nel circondario, era di trovarsi in piazza con bandiere e striscioni. Non potevo certo immaginare che Marta avesse piani diversi.

«Sì, sarebbe bello», mi fece al telefono, «ma sai, mia mamma e mio papà stasera sono a vederla a casa degli zii, e insomma, cioè...»

«Cioè?»

Non ero proprio un genio nel cogliere il non-detto, le sfumature di significato, gli inviti fra le righe. Marta decise allora molto magnanimamente di tradurre quello che mi stava dicendo e pronunciò le quattro parole più agognate da ogni adolescente dalla notte dei tempi: «Cioè... *ho la casa libera.* Ti va di venire qui a vederla con me?».

Se non ricordo male, ci arrivai *di corsa* a casa sua.

A questo punto, specie per i lettori più giovani, è importante sapere che quella partita l'Italia l'ha persa. No, non solo l'ha persa, ma lo ha fatto in un modo che fa male ancora oggi a chiunque sia stato, come noi quella sera, davanti alla TV: all'ultimo rigore, tirato alto dal giocatore che in quel momento era considerato il più forte al mondo, Roberto Baggio. Era luglio, era sera, i grilli fuori cantavano, il televisore proiettava quelle immagini, il bisogno di tirarsi su in qualche modo, di consolarsi da quella tristezza lancinante.

Marta: la ragazza che mi aveva fatto perdere la testa.

Io e lei da soli, i suoi genitori dagli zii. Tra me e lei, sul divano, solo trenta centimetri.

Ecco.

Adesso concentratevi. Concentratevi e ascoltate bene, perché se vi sforzate riuscite a sentirlo, il suono dei palleggi di un bambino che gioca da solo nel parcheggio. Visualizzate tutto nella vostra testa, il Tango con l'inchiostro sbiadito, tutto quanto, e poi sentite che cosa ho detto a Marta, seduta a trenta centimetri da me.

Uno.

Due.

Tre.

Quattro.

Cinque.

Sei.

Sette.

Otto.

Nove.

«Marta.»

«Sì?»

«Io credo che io e te dovremmo restare solo amici.»

Sì, l'ho detto davvero.

Nel salotto di casa sua, a un passo dai suoi occhi, le mie labbra mai state così vicine alle sue, palla sul dischetto per il rigore che mi avrebbe fatto diventare campione del mondo, ho preso la palla e l'ho calciata via, in tribuna, senza nemmeno provare a tirarla verso la porta.

Naturalmente, cinque minuti esatti dopo ero fuori da casa sua e, poco tempo dopo, anche dalla sua vita. Una pennellata di tristezza le era passata sul viso, mettendoci sopra una delusione che io conoscevo molto bene, perché era la stessa che avevo provato infinite volte. Me ne tornai a casa da solo, al buio, senza nemmeno grossi pentimenti, anzi quasi *sollevato*: nella mia testa non avevo calciato alto un rigore, buttato via una palla, ma l'avevo *anticipata*. Di sicuro, se non gliel'avessi proposto io per primo, sarebbe arrivata lei con la frase:

«Restiamo amici». E a me l'amicizia con Marta stava bene, perché così avrei potuto vederla spesso.

Sono d'accordo: il ragionamento più stupido mai elaborato da mente umana, con tutta probabilità.

Il bello – o l'assurdo – fu che quella delusione io la vidi, la riconobbi, e non feci comunque niente di niente, le permisi di mandarmi via, non protestai, non corressi le mie parole, non tornai da lei se non quando era ormai troppo tardi, lei ormai fidanzata con un altro che sarebbe poi diventato – vedi il destino cosa fa alle volte – suo marito.

Ma perché? Perché ho fatto così? Perché ho preso la felicità che avevo già fra le mani e l'ho buttata via, scappando come un ladro nella notte?

La risposta è in quel pallone lanciato lontano al decimo palleggio. La domanda vera, allora, è: perché diavolo avevo buttato via quel pallone? Perché lo facciamo, quando lo facciamo? Perché quando siamo a un centimetro dalla felicità, a volte scappiamo via, che più lontano non si può?

Avevo diciassette anni, a scuola non andavo né bene né male e, sebbene avessi voglia di capire chi ero, non avevo ancora gli occhi che la vita poi ti regala crescendo. Per cui, prima di avere una risposta a quella domanda, feci quello che fanno tutti quando non sanno perché sbagliano: continuai a sbagliare.

«Lei non farà mai l'insegnante!»

Di quel giorno ricordo il cielo: grigio, sopra Venezia.

Era il 1996, mi ero iscritto a lettere da un paio di mesi, dopo un'estate passata al mare a lavorare in un ristorante sulla spiaggia. I miei compagni di classe avevano preso tutti strade con sbocchi sicuri e facoltà con nomi che potevi giocarti alle cene coi parenti: economia, ingegneria, giurisprudenza, medicina. Quando io dicevo ai miei parenti che avevo scelto lettere, ricevevo in risposta sguardi perplessi, piccoli colpi di tosse e silenzi imbarazzati.

La verità è che non avevo molta altra scelta: nelle materie scientifiche facevo pena e l'unica cosa che mi sembrava di saper fare decentemente era scrivere. Così feci il grande passo e ci provai, pur sapendo che sarebbe stata dura. All'epoca nessuno, nel mondo del lavoro, faceva salti di gioia se dicevi che la cosa in cui andavi forte era scrivere.

Non lo dissi a nessuno, ma c'era un sogno dietro quella scelta: un sogno antico, ma espresso a chiare lettere sei anni, un mese e un paio di settimane prima, in terza media, quando la prof di italiano ci aveva portato al cinema a vedere *L'attimo fuggente*. Quel professore che saliva in piedi sulla cattedra, che leggeva poesie in ginocchio al centro della classe e diceva «qualunque cosa si dica in giro, parole e idee possono cambiare il mondo!»... è vero che non sapevo bene chi fossi, ma sapevo chi volevo diventare: lui. Volevo diventare lui.

In quel novembre uggioso eccomi lì, diciannove anni, capelli molto più lunghi di adesso, nell'ufficio di un professore considerato tra i più importanti della mia facoltà – bravo, bravissimo, mi ha fatto scoprire Dante come nessuno –, ma che non perdeva occasione durante le sue lezioni per ricordare che i tempi erano cambiati, che lui insegnava al liceo a ventitré anni «mentre oggi se ci arrivi a quaranta è già un miracolo!».

Io seduto di fronte a lui. I suoi sopracciglioni giganti, imponenti, quasi mefistofelici.

«Lei, Galiano, cosa vuole fare dopo la laurea?»

La risposta ce l'avevo pronta da sei anni, un mese e un paio di settimane: «Be', sa, a me piacerebbe tanto insegnare!».

Mi scrutò, interrogativo: «Come mai vorrebbe fare l'insegnante?».

«Non so, credo sia una cosa in cui potrei... non so, dare il mio contributo!»

«Dice?»

Non capivo perché me lo stesse chiedendo. Era una situazione alquanto strana.

«Be'... sì.»

Il suo sguardo si rabbuiò in un istante. La testa fece un secco no. E poi aggiunse una frase che non dimenticherò mai: «Lei, Galiano, non farà mai l'insegnante!».

«Perché?» chiesi sorridendo. Pensavo scherzasse, che mi stesse prendendo un po' in giro per mettermi a mio agio. Una cosa così. E invece ripeté testualmente: «No, Galiano, lei non farà mai l'insegnante!».

A quel punto capii che era serio. Lì sì che protestai. Chiesi spiegazioni. Ma lui mi fermò subito: «Galiano, lei non farà mai l'insegnante, non c'è posto nella scuola italiana, oggi. Non per niente fanno i concorsi ogni dodici anni, e passa solo il cinque per cento degli aspiranti. Quindi si figuri quante possibilità ci sono!».

Lui parlava e io volevo dire qualcosa, ma le parole non arrivavano. Così me ne stetti zitto e gli permisi di seppellire quel sogno fatto sulle poltroncine di un cinema di provincia.

«Si trovi altro, Galiano. Ma insegnare, no», disse. E mi congedò.

Io adesso credo di sapere, a distanza di tempo, perché quel professore mi si rivolse in modo così perentorio e definitivo: voleva mettermi alla prova. Voleva vedere se ci tenessi davvero perché, come ho capito diventando insegnante a mia volta, per fare questo lavoro bisogna crederci veramente. Non mi stava dicendo che non ce l'avrei fatta: mi stava dicendo che per farcela avrei dovuto lottare, aspettare, faticare, sudare, piangere e poi lottare ancora.

Ma allora? Uscendo da quell'ufficio?

Credo sia abbastanza facile capire cosa successe poi, vero? Che cosa feci, uscendo da quell'ufficio, a diciannove anni, e non c'è bisogno che lo scriva perché si senta di nuovo il rumore di quei palleggi nel parcheggio, di nuovo l'odore di quel pallone di plastica.

Uno.

Due.

Tre.

Quattro.

Cinque.

Sei.

Sette.

Otto.

Nove.

Uscendo dall'ufficio di quel professore, dissi addio al sogno di insegnare.

La macchina per fare bustine di zucchero

A finire l'università ci misi sette anni. Sette anni, per un corso di laurea che ne prevedeva *quattro*. Praticamente il doppio: perché quando non hai più un motivo per correre, cosa fai? Cammini. O addirittura ti fermi. Il mio fermarmi è stato correre come un pazzo fra i tavoli, a fare il cameriere; sudare sporco nella cucina di un fast-food; arrivare a casa stanco morto la sera dopo una giornata al mercato. Di lavori così ne ho fatti tanti che non li conto neanche, come molti altri ragazzi della mia generazione: il galoppino in una serra per un paio di settimane, l'operatore di call center per sei mesi, lo speaker in una radio locale, il quasi-giornalista in un giornalino sportivo e chissà che altro. Tutta roba che non c'entrava niente con me, con chi ero, con chi volevo essere.

L'unico lavoro, forse, in cui esprimevo un pochino di talento, senza che comunque le mie potenzialità fossero riconosciute, è stato quando mi sono messo a fare il copywriter. Intendo quello che scrive frasi per i manifesti pubblicitari, insomma, i volantini, gli spot radiofonici, in una piccola agenzia che mi assunse come stagista pagandomi a malapena il rimborso spese per la benzina. Mi cacciarono dopo soli tre mesi, quando all'inizio dell'autunno venne il momento di preparare la campagna invernale per un'azienda che produceva sistemi di riscaldamento. Il nome dell'azienda non lo posso dire, però facciamo che fosse Coppola.

Bene, arriva l'ora di fare il *brainstorming* iniziale, quello durante il quale ognuno lancia le sue idee e così, tutto tronfio, mi presento sicuro di me e dico che ce l'ho io l'idea del secolo, che possono stare tranquilli, mettere giù carta e penna che ho già tutto nella testa. Il manifesto doveva essere questo: lui e lei, luci soffuse; lui con la camicia aperta fino al terzo bottone; lei in reggiseno e con lo sguardo già infuocato di passione e, sotto questa immagine, il mio slogan vincente.

Coppola, per un inverno in calore!

Ce li ho ancora qui davanti gli sguardi dell'art director, del titolare dell'agenzia, del commerciale: bocca aperta, occhi increduli su cui passava in sovrimpressione ben leggibile la frase: "Non può averlo detto davvero!". Risero, dopo, risero un sacco, ma quando capirono che ero serio, che non era una battuta buttata lì, decisero che quello non era il mio posto. Qualche settimana dopo, non ero più un loro stagista.

Il punto più basso, quello peggiore in assoluto, lo toccai quando mi misi in testa che sarei diventato un imprenditore. Sì, avevo capito che cosa volevo fare: bustine di zucchero. Sarebbe stata la svolta definitiva!

L'idea mi era venuta osservando le persone al bar: mi ero accorto che, quando le bustine di zucchero erano particolarmente originali, a volte la gente se le portava via dopo averle usate o addirittura le collezionava. E pensai: accidenti, fra tutte quelle che ci sono – quelle con i segni zodiacali e l'oroscopo, quelle con le riproduzioni di opere d'arte – mancano le bustine di zucchero con gli aforismi! L'idea geniale era quella di produrre bustine con centinaia di aforismi e frasi famose, belle, divertenti; poi la gente avrebbe voluto solo le mie bustine, avrei sbaragliato la concorrenza, avrei fatto i soldi! Ero talmente convinto di quest'idea idiota che arrivai anche a prendere contatti con un'azienda che produceva macchine per fare le bustine di zucchero, e a proporre il mio progetto a un investitore. Non lo ringrazierò mai abbastanza per avermi molto gentilmente spiegato quanto fosse una colossale stronzata.

È così che facciamo, quando abbiamo paura di uscire dal tunnel o quando ci convinciamo che un'uscita proprio non ci sia: lo arrediamo. Disegniamo le finestre, attacchiamo al muro dei poster di luoghi esotici e pieni di luce. Quella macchina per fare le bustine di zucchero era il mio modo di provare a usare le parole per ricavarci qualche soldo, era la mia finestra luminosa disegnata proprio al centro del tunnel.

Ma di nuovo: perché? La risposta era scritta da qualche parte, solo che ancora non la sapevo leggere, e soprattutto dovevo ripetere ancora una volta lo stesso errore prima che apparisse a caratteri abbastanza chiari di fronte ai miei occhi.

La quarta volta che buttai via il pallone.

«Lascia perdere, c'è già Federico Moccia!»

Fu di nuovo in un ufficio.

Stavolta però non era un professore, ma un signore barbuto che faceva l'editore. Aveva appena pubblicato il mio primo libro: il racconto della mia esperienza come obiettore di coscienza in una casa di riposo della città.

Scrivere era l'altro mio grande sogno, se la giocava alla pari con l'insegnamento. E lui credeva molto in me: diceva che avevo talento. Così, quando mi venne in mente una bella storia e la trasformai in un romanzo, la stampai, chiesi al mio migliore amico di prestarmi la sua fotocopiatrice e gliene diedi una copia.

Era una storia di adolescenti. Una storia d'amore in cui a un certo punto c'era un suicidio misterioso.

Avevo ventisette anni, ma mi era chiaro quanto mi piacesse raccontare quell'età, il momento in cui stai decidendo chi essere e dove andare, quello in cui hai la testa fra le nuvole e le nuvole dentro la testa. L'età in cui il mondo è il tuo nemico e, soprattutto, il nemico più grande che hai è quello che ti guarda, ogni giorno, da dentro lo specchio. Di questo parlava quel libro, quella storia, e tutte le altre che già avevo in testa senza sapere ancora di avercele.

Ma c'era un problema: la casa editrice non pubblicava romanzi di quel tipo e l'editore, dopo avermi detto che non lo avrebbe pubblicato, si mise a sorridere.

Io lo guardai interrogativo.

«Lo so quello che vuoi fare tu», disse, stiracchiandosi sulla sua sedia girevole.

«Ah sì?»

«Tu vorresti pubblicare questo libro con una bella casa editrice nazionale, non è vero?»

Come dicevo, non sono molto bravo nel cogliere il linguaggio del non-detto: pensai che fosse dalla mia parte, un po' come un allenatore spera che il ragazzino della sua squadra un giorno finisca alla Juve; che facesse anche lui il tifo perché un giorno riuscissi a pubblicare con una casa editrice più grande e prestigiosa; che ne avrebbe avuto dei vantaggi anche lui, insomma. Che ingenuo. Perché quell'editore trasformò il suo sorriso in un accenno di risata e mi disse: «E con chi vorresti pubblicare? Sentiamo!».

«Non so...» dissi. Davvero non lo sapevo.

«Guanda? Mondadori? Ti piace Mondadori? Se no chi vorresti, Einaudi? *Garzanti?*»

Ne disse altre tre o quattro, sempre ridendo: solo lì capii che no: non era dalla mia parte. Il sottotesto di quelle domande ironiche era: "Ma sei serio? Speri davvero che questa roba possa essere pubblicata da qualche casa editrice?".

Sì, ero serio. Anche lui, però, nella sua risata, lo era. E la mutò tosto in pianto, o perlomeno in uno sguardo all'improvviso severo, accigliato, quando si rimise dritto sulla sedia e disse: «C'è già Federico Moccia».

«Come?»

«Sì, esiste già un Federico Moccia, le librerie non hanno bisogno di brutte copie di quella roba là!»

Un coltello invisibile mi trapassò il petto. Mesi e mesi di lavoro per scrivere un libro, liquidato come la brutta copia di un autore che a me nemmeno piaceva. Poi proseguì: «Tu sei bravo! Sai osservare, sai far ridere, devi continuare a scrivere libri così, fare satira, quella ti riesce bene! Lascia perdere i romanzi, non sono roba per te, e poi quelli non li legge più nessuno!».

Non serve nemmeno dirlo, che cosa successe poi. Cosa feci uscito dall'ufficio di quell'editore. Quale rumore dovete ricreare adesso nella vostra mente, se non lo sentite già.

Uno.

Due.

Tre.
Quattro.
Cinque.
Sei.
Sette.
Otto.
Nove.
Uscendo da quell'ufficio rinunciai al mio sogno di scrivere romanzi. Andai a casa, accesi il computer, scrissi il libro che lui mi aveva chiesto di scrivere: il racconto della mia appassionante vita da cameriere. In assoluto il mio libro più venduto dei tre che scrissi per lui, ma anche quello di cui non parlo praticamente mai, di cui quasi mi vergogno. E non per lui: per me. Me ne vergogno perché non ero io, quello.

Non che riesca a farlo, perché solo vedere la copertina mi provoca turbamenti interiori non indifferenti, ma se lo aprissi e leggessi qualche pagina, so che non sarei io quello fra le righe. Ci troverei forse qualche scena divertente, magari anche un paio di paragrafi scritti bene, ma non *me*. Ero quello che mi avevano chiesto di essere.

Nella lotta fra me e il mondo, mi ero messo dalla parte del mondo.

80% vs 20%

Ma quanti sono, fra noi, quelli che nella lotta contro il mondo si mettono dalla parte del mondo?

Per scoprirlo, ho dovuto imbattermi in una storia.

Qualche anno fa un ragazzo americano di nome Scott Dinsmore si trovò in una situazione che io conoscevo molto bene, per averla provata mille volte prima di diventare insegnante: quella di quando sei al lavoro e, intorno alle dieci, vorresti prendere a testate il computer, uscire, scappare, qualsiasi cosa pur di non essere più lì. La situazione in cui ti accorgi di odiare il tuo lavoro.

Scott, anche se lavorava per una grande azienda, decise di mollare tutto e di cercare una strada diversa: mentre la cercava, studiò molto e scoprì di non essere il solo a voler spaccare il computer a testate. Sì, perché lesse alcune ricerche sulla soddisfazione dei dipendenti sul posto di lavoro e a un certo punto iniziò a imbattersi in una percentuale che tornava sempre uguale: il 20% contro l'80%. Che cos'erano quei numeri? Era, virgola più virgola meno, *la percentuale di persone che ama il proprio lavoro contro quella di chi lo odia.* Quelli che sentono di realizzare sé stessi attraverso ciò che fanno, contro quelli che di sé stessi non realizzano un bel niente. Quelli che nello svolgere il proprio lavoro percepiscono di avere un impatto sul mondo e quelli che l'unico impatto che percepiscono è sul conto in banca (e spesso neanche quello). Il 20% contro l'80%. Uno su cinque. Una differenza che fa paura, no?

Sì, perché appena leggi questi numeri non puoi fare a meno di chiederti: ma io sono un 20% o un 80%?

Che cos'è la felicità, signor Freud?

Scott Dinsmore raccontò la sua storia in molti video, fra cui un *Ted Talk* tra i più visti in assoluto sulla piattaforma creata da Chris Anderson. Infatti lo scoprii così: guardando un video, a pranzo, col cellulare appoggiato alla bottiglia dell'acqua.

Non so perché, ma quando ascoltai Scott Dinsmore mi venne subito in mente Freud. Di nuovo lui. Da anni circola questa storia – e pare proprio fosse vera – secondo la quale, pochi mesi prima che morisse, un giornalista lo raggiunse con l'intento di porgli una domanda semplice semplice: «Qual è il segreto della felicità?».

Solo lui, solo il padre della psicanalisi, che aveva dedicato tutta la sua vita a addentrarsi nei meandri della mente umana, poteva rispondere a una domanda che, dopo millenni di filosofia, letteratura, arte e scienza, attendeva ancora una risposta.

La cosa divertente fu che si raccolse intorno a Freud un nugolo di curiosi, tutti volevano stare a sentire la sua risposta, certi che sarebbe stata piena di rivelazioni sconcertanti, che lo psicanalista avrebbe tirato fuori la sua grande scoperta, l'inconscio, e svelato finalmente il grande segreto.

E invece Freud pronunciò tre parole, tre soltanto: *Lieben und Arbeiten*. Amare e lavorare. Solo questo.

Quello che Freud intendeva dire con quelle parole era che la nostra felicità dipende da quanto riusciamo a convogliare la nostra energia psichica nel mondo esterno in modo soddisfacente, senza doverla reprimere o contenere, il che avviene principalmente in due situazioni: quando troviamo la persona che è la *nostra* persona, quella che ci attrae sessualmente e spiritualmente a sé e fa sì che possiamo trovare noi stessi in lei; e quando attraverso il nostro lavoro riusciamo a trovare noi stessi in quello che facciamo.

Amare e lavorare, ecco il segreto della felicità.

Certo, forse Freud ha omesso dalla lista alcuni aspetti che non mi sognerei mai di considerare secondari, come la salute fisica e la pizza, per dirne due, ma il senso è chiaro: se vuoi essere felice, ti basta avere quelle due cose.

Sì, sono d'accordo: anche se sono solo due, sono molto difficili da trovare; e anche se le trovi, non è per niente detto che siano facili da raggiungere. La ragazza ti può dire che ti vuole solo come amico, il tuo capo può dirti che «per un inverno in calore» è uno slogan imbarazzante e cacciarti senza altre spiegazioni. Però quell'intervista di Freud mi tornò in mente ascoltando Scott Dinsmore perché pensai che, se mettiamo amore e lavoro sullo stesso piano, allora è come se l'80% di noi accettasse tranquillamente di stare tutta la vita insieme a una persona che odia. È come se l'80% di noi non si facesse problemi a condividere casa, progetti e tempo con donne e uomini che non hanno niente a che vedere con chi siamo veramente, tutto pur di stare con qualcuno, di non stare da soli.

Certo, mi rendo conto che molti fanno proprio questo ragionamento e planano allegramente verso l'altare o la convivenza pur sapendo nel profondo di aver scelto la persona sbagliata, condannandosi così a una vita di infelicità e di mezz'ore chiusi in bagno pur di non stare nella stessa stanza con la propria dolce metà.

Il punto è che, se per la ricerca dell'amore esiste un'educazione sentimentale che comincia fin da quando siamo piccoli – da quando iniziamo ad ascoltare canzoni, guardiamo film e leggiamo storie che ci parlano di quello, che ci insegnano a trovare, riconoscere e conquistare la persona che è la *nostra* persona (e lo stesso incredibilmente riusciamo a sbagliare mira) – non accade lo stesso per quanto riguarda chi vogliamo diventare e cosa vogliamo fare. Qual è il *fare* che permette al nostro *essere* di esprimersi nel mondo?

Nemmeno a scuola se ne parla tanto. Se pensiamo che l'orientamento, alle medie, è una cosa che si fa giusto per un paio di mesi, fra ottobre e dicembre, con un paio di test attitudinali a crocette, un paio di incontri con gli studenti delle superiori e qualche visita alle scuole, si capisce lo spazio che occupa questo momento nell'orizzonte dell'educazione delle nostre ragazze e dei nostri ragazzi. Invece non solo è un momento importantissimo, ma è forse *il* momento, quello che dovrebbe prendere più tempo, attenzioni, ore di lezione. Non dovrebbe essere demandato a un paio di insegnanti, ma coinvolgere tutti, fin dalla scuola primaria, se non addirittura prima.

Dovremmo fare ai nostri ragazzi fin da subito, o almeno il più presto possibile, una semplice domanda: «Tu chi sei?».

Quante persone conoscete che, ormai adulte, con una posizione e magari anche un sostanzioso estratto conto, messe di fronte a questa domanda tentennerebbero, abbozzerebbero parole poco chiare, molti boh come intercalare, e alla fine capitolerebbero in un imbarazzato «non lo so»?

E voi: lo sapete chi siete?

Perché non so se quella storia di Freud sia vera, ma quello che so è che ne è vero il senso, e cioè che se vuoi essere felice devi fare due sole cose: *capire chi sei, ed esserlo.* Che fare un lavoro che non ti permette di esprimere quello che sei è l'esatta rappresentazione dell'inferno sulla terra, e non lo dico perché è bello dirlo, perché ora faccio parte di quel 20% e ogni mattina quando entro in classe il mio cuore ride: lo dico perché ci ho fatto un giro, dentro l'80%, ci ho vissuto anni dentro quel treno, ed è un treno che non ha vagoni ma magoni, quotidiani e silenziosi. Quelli che ti vengono quando guardi fuori dal finestrino un paesaggio che non ti assomiglia, sul vetro il riflesso di un viso che non ti ricorda più il tuo.

Se anche in qualcuno di quei lavori ero abbastanza bravo, se anche mi impegnavo e ce la mettevo tutta per fare quello che mi chiedevano di fare, non ero io quello, come non c'ero io tra le righe di quel libro sui camerieri, anche se magari aveva delle pagine divertenti.

Fare ciò che non sei è un inferno perché significa bruciare a fuoco lento. Non è un'infelicità potente, di quelle che ti fanno piangere, ma più qualcosa che ti bagna le guance di lacrime che non si vedono, dietro i sorrisi che mostri al mondo.

«Molti uomini hanno vita di quieta disperazione»

Mi tornò in mente Robin Williams, quando, citando Thoreau in piedi al centro della classe, diceva: «Molti uomini hanno vita di quieta disperazione». Non avevo mai capito cosa significasse quell'ossimoro, cosa fosse la «quieta disperazione». Mi sembrava una bella espressione poetica fino a quando non la trovai, precisa, proprio lei, dentro i miei occhi allo specchio, una sera, quando realizzai che stavo sbagliando tutto, quando vidi quanti anni luce c'erano ormai fra chi ero davvero e chi ero diventato.

Mi tornò in mente anche Dante, quando a un certo punto del *Paradiso* incontra Carlo Martello, e gli fa quella domanda che tutti ci siamo fatti almeno una volta nella vita, e cioè «ma perché il mondo va così male?» – ok non è che Dante glielo chieda proprio così, ma il senso è quello –, e Carlo Martello, che è fra i beati del cielo di Venere, gli dà la risposta che è forse la risposta di tutto:

Sempre natura, se fortuna trova
discorde a sé, com'ogne altra semente
fuor di sua regïon, fa mala prova.
E se 'l mondo là giù ponesse mente
al fondamento che natura pone,
seguendo lui, avria buona la gente.
Ma voi torcete a la religïone

tal che fia nato a cignersi la spada,
e fate re di tal ch'è da sermone;
onde la traccia vostra è fuor di strada.

Quello che dice Dante attraverso Carlo Martello si potrebbe parafrasare così: *L'inclinazione di ciascuno di noi, quando non viene rispettata, produce cattivi effetti: come quando getti un seme in un terreno che non è adatto a quel tipo di pianta. Se il mondo badasse di più alle inclinazioni individuali, se le seguisse, avremmo persone migliori e più felici. Ma voi costringete a fare il prete chi è nato per combattere, e fate re chi sarebbe portato alla religione. Ecco perché siete sempre così fuori strada.*

Dante, Thoreau, il mio professore coi sopracciglioni, l'editore con la barba, Marta e quel rigore di Baggio sparato alto, tutti quei ricordi vivevano insieme dentro un unico, piccolo, insignificante istante: un bambino di otto anni che palleggia da solo e arrivato al decimo palleggio butta via la palla e smette di giocare.

Achille e «Kung Fu Panda»

Scott Dinsmore è morto nel settembre del 2019, mentre scalava il Kilimangiaro: aveva solo trentatré anni. L'ho scoperto proprio mentre scrivevo queste righe.

A pensarci bene se non avesse trovato il coraggio di lasciare il lavoro e di rischiare tutto, non sarebbe neanche finito su quella montagna. Così ho provato a immaginarmi Scott Dinsmore che quel lavoro non lo lascia, non sale sul Kilimangiaro, non precipita, vive ancora. Magari muore a novant'anni, disperatamente quieto, di vecchiaia. Poi mi sono chiesto: "Potendo scegliere, che cosa avrei fatto io?". Vivere fino a trentatré anni, ma felice e realizzato negli ultimi cinque o fino a novanta quieto e disperato?

È la stessa domanda che, secondo il mito, fu posta al giovanissimo Achille: vita breve e fama eterna, o vita lunga e insignificante?

È la stessa domanda che si fa Po, il panda flaccido e per niente agile di *Kung Fu Panda*, quando il padre lo mette di fronte all'alternativa fra gli spaghetti e il kung fu, sapendo che scegliere il kung fu significa probabilmente scegliere la morte, che ha il volto e le unghie affilate del feroce Tai Lung.

Achille e Po fanno una scelta molto precisa di fronte a una chiamata che tutti sentiamo. Forse non presto come Achille, ma di sicuro prima di essere grandi, quando siamo nell'età in cui il futuro è ancora una pagina bianca e non ci vediamo tra le righe di nessun libro, o forse di tutti. Quella chiamata per me era già lì mentre palleggiavo a otto anni, mentre tornavo da solo da casa di Marta e mentre prendevo per buone le parole del mio professore e del mio editore, rinunciando al sogno di insegnare e di scrivere romanzi.

Il mio grande errore è stato rinunciare. Fermarmi al decimo palleggio ogni volta che la vita mi metteva in mano un pallone, un'occasione per essere felice.

Ma perché? Perché l'ho fatto e ho continuato a farlo? Perché ho ripetuto – e sto ripetendo, anche adesso, ogni tanto – sempre lo stesso errore?

La verità è che non lo so. Non conosco la risposta. Scrivo questo libro anche e soprattutto nella speranza che quando arriverò alla fine, quando scriverò l'ultima riga dell'ultima pagina, una risposta l'avrò. E potrò magari aiutarvi a trovare la vostra.

2.
IL BIANCHETTO
L'errore di nascondere gli errori

«C'è una crepa in ogni cosa, ed è da lì che passa la luce.»
LEONARD COHEN, *Anthem*

La prima cosa che ti colpisce è l'*odore*.

Entri in una classe qualsiasi, specie fra i bambini della primaria o i ragazzi delle medie, e ti arriva potentissimo alle narici un odore chimico, come di vernice fresca. A volte arrivi perfino a chiederti se qualcuno abbia appena ritinteggiato l'aula, ma poi scopri che la causa è una sola: il bianchetto.

Davvero, è strabiliante. Con la destra scrivono, e nella sinistra tengono quel coso. O lo mettono appoggiato lì, in piedi, pronto all'uso. Ogni cinque secondi qualcuno lo stappa ed ecco, magia, l'odore di vernice si diffonde.

Sbagliano una lettera: bianchetto.

Tirano una linea un po' storta: bianchetto.

Fanno tutto giusto, però poi lo guardano e, chissà perché, non gli piace: bianchetto.

Certo, che c'è di male? Magari lo fanno perché così il quaderno è più ordinato. Così non ci sono segnacci brutti, correzioni, sgorbi. Apri il quaderno e ti sembra lindo, pulito, senza errori. Da un certo punto di vista verrebbe quasi da dire che il bianchetto è sinonimo di diligenza, di impegno, di ambizione a fare il meglio che si può.

Ma non è così.

Il bianchetto non lo usiamo solo a scuola

Guardo i ragazzi e quel coso che tengono in mano e mi viene in mente che forse non è solo roba di scuola, quella che ho davanti agli occhi: non è solo questione di ordine nei quaderni di adolescenti pieni di insicurezze. Forse quel bianchetto parla di noi.

Forse il problema è tutto lì, in quelle spennellate di bianco sotto cui cominciamo a nascondere i nostri errori fin da quando siamo piccoli. Perché ce ne vergogniamo, perché non ci piacciono, perché abbiamo paura: i motivi possono essere tantissimi, ma alla fine quel che facciamo spesso è coprire gli sbagli con una passata di vernice, lasciarci cadere sopra un paio di gocce, spalmare bene, aspettare che si asciughi e poi, come se niente fosse, scriverci sopra.

Il punto è che l'errore, col bianchetto, non è che scompaia: è sempre lì sotto. Fa solo finta di non esserci. È un trucco, apparenza, bella facciata. Lui è lì, siamo noi che facciamo di tutto per non vederlo.

Il punto è che continui a sbagliare all'infinito, se il tuo pensiero è "tanto c'è il bianchetto". Non impari niente dai tuoi errori, se pensi che con un paio di gocce li farai sparire. Non ti parlano, non ti insegnano. Non ti riguardano.

Il punto è che là fuori non c'è il bianchetto. E ai nostri ragazzi capiterà di sbagliare, di farla grossa magari, e di non riuscire ad accettarlo, di vivere l'errore come se fossero *loro* l'errore: pensare non di *fare* qualcosa di sbagliato, ma di *essere* qualcosa di sbagliato. E quando hai quella sensazione, poi non c'è bianchetto che tenga. Nessuno ti aggiusta, quando pensi di essere un giocattolo difettoso.

Il punto è che gli errori, quando li vedi, poi ti sembrano sempre molto più orribili di quello che sono, perché la tua idea di bellezza è un'idea fatta di candore e perfezione, non di cancellature e correzioni.

Ma quell'idea di bellezza è una truffa. Un bluff. Una favola, e per di più con un pessimo finale.

Le orecchie di Caterina e il naso di Nairobi

Porta questi lunghissimi capelli mossi, castano scuro, e li fa crescere così tanto che, lì in mezzo, il suo bel viso di tredicenne tutta lentiggini e ansia quasi scompare. Parla che quasi non riesci a sentire la sua voce, bloccata da una timidezza di quelle paralizzanti. Tutte le compagne le invidiano la capigliatura fluente, con cui potrebbe fare quello che vuole, eppure Caterina ogni mattina arriva a scuola pettinata sempre allo stesso modo: usa i capelli per coprirsi, per nascondersi. Passo mesi a studiarla, a capire perché fa così, e alla fine me lo spiega la madre, al ricevimento.

«Le orecchie», dice.

«Come scusi?»

«Sì, è colpa delle orecchie. È convinta di averle a sventola, le odia, se potesse se le taglierebbe. Le dico solo che l'altra sera l'ho sorpresa mentre era su internet a informarsi su come fare per farsi una plastica.»

«La plastica alle orecchie. Ma esiste?»

«Sì, si chiama otoplastica, o una roba del genere.»

«Ah.»

La mamma me lo dice con l'espressione che a volte i genitori di figli adolescenti hanno quando questi iniziano a fare gli adolescenti: quella che significa "professore, mia figlia è impazzita, mi aiuti lei".

Quando me lo racconta, la prima reazione sarebbe quella di andare da Caterina e partire con il solito discorso paternalistico sull'accettare sé stessi per come si è, su quanto in realtà lei sia una bellissima ragazza, e via con tutto l'armamentario di frasi fatte che si usano in queste circostanze, ma quasi subito mi viene in mente che proprio io, in terza media, volevo fare la stessa identica cosa, ma con gli occhi. Sì, mi ero fissato che il colore dei miei occhi facesse schifo: mio fratello ce li aveva verde chiaro, mio padre azzurri, io uno scialbo castano scuro senza alcuna attrattiva. "Se le ragazze mi schifano", pensavo, "è perché mi ritrovo questi occhi insignificanti!" Ero arrivato anch'io al punto di informarmi su come fare per eseguire un'operazione che ne cambiasse il colore e, soprattutto, avevo preso una mia foto di quando ero bambino e con la punta del compasso avevo grattato via il castano per metterci sopra un verde chiaro col pennarello.

Per cui tutto quello che so sulla faccenda è che, da adolescenti, i difetti non sono solo difetti: sono ossessioni. E lì non c'è discorso, paternale o frase filosofica che tenga. L'adolescenza è quella fase della vita in cui tutti i sentimenti sono amplificati e, fra questi, l'odio è il più amplificato di tutti: e quasi sempre viene rivolto all'immagine riflessa nello specchio. Non solo: viene preso, concentrato e compresso su un particolare difetto, un'imperfezione, che diventa quasi il simbolo di tutto ciò che odi di te. Per me gli occhi castani, per Caterina le orecchie.

Occorrono anni, e forse una vita intera, per imparare ad apprezzarsi. E a volte non è una cosa che si può fare da soli: io ho iniziato a voler bene al colore dei miei occhi solo quando un giorno una ragazza mi ha detto che non erano castani, ma erano «del colore di una goccia di miele che cade sulla corteccia di un albero». Eh, si capisce che fa tutto un altro effetto. Non per niente sono le due di notte e quella ragazza è giù nel letto che dorme con una bambina che è nostra figlia.

L'unico tentativo che puoi fare è provare con le storie, quelle vere, perché solo con quelle riesci forse a sbriciolare un po' dell'odio rivolto allo specchio. Come la storia di Alba Flores, l'attrice che interpreta Nairobi nella serie TV *La casa di carta.*

Guardando una qualsiasi scena in cui c'è Nairobi, non puoi non rimanere impressionato da quanto sia in grado di catalizzare l'energia. Quando compare nell'inquadratura tutto il carisma si concentra in lei, gli altri si spostano subito sullo sfondo. Eppure, a un'analisi neanche troppo attenta, subito balza all'occhio il tratto più evidente del suo viso: il naso.

Non è un bel naso, quello di Alba Flores. Sproporzionato rispetto al viso minuto, anche lui catalizza tutta l'attenzione, e non puoi neanche nasconderlo sotto una folta capigliatura come le orecchie di Caterina. La cosa più sorprendente è che quando stava iniziando la carriera d'attrice ad Alba fu proposta una rinoplastica correttiva, proprio per smussare quella sproporzione. Le foto su internet elaborate al computer con il naso che avrebbe avuto lasciano abbagliati. È oggettivo: con il naso rifatto, il suo viso sarebbe stato perfetto.

«Avrei potuto fare la plastica, sì. Ma sarei diventata un'attrice come tante, senza personalità», ha detto.

Che cosa ha fatto Alba Flores rinunciando alla plastica al naso? Ha preso il suo difetto più evidente e lo ha trasformato nel suo più grande punto di forza. Quel naso così ingombrante e – ne sono certo – odiato nell'adolescenza, si è trasformato in ciò che la rende unica, insostituibile, uno dei personaggi più amati di una serie seguitissima.

Questo è quello che un giorno potrà salvare Caterina dal suo odio verso di sé: prendere il suo difetto e farne il suo più grande punto di forza.

Forse è proprio questa l'unica cosa da fare quando si pensa di avere un difetto: capovolgere del tutto il ragionamento. Invece di guardare a che cos'è il difetto, chiedersi che cos'è la bellezza.

La bellezza e il «wabi sabi»

Se lo chiedi a chi lo sa davvero, cos'è la bellezza, a chi l'ha vista, a chi l'ha saputa raccontare o trasformare in dipinti, storie, opere d'arte, nessuno ti dirà che la vera bellezza è perfezione. Poeti, artisti, cantanti, filosofi: tutti ne hanno dato la loro definizione – a volte anche affermando tutto e il contrario di tutto – ma, se li leggi, scopri che ciascuno di loro, prima o poi, dice quella cosa: «La vera bellezza non è la perfezione». Anzi, è qualcosa di molto distante da quella roba lì.

La bellezza, quella vera, è nelle parole del dottor Živago che guarda Lara nei suoi occhi stanchi e le dice:

> Credo che non ti amerei tanto se in te non ci fosse nulla da lamentare, nulla da rimpiangere. Io non amo la gente perfetta, quelli che non sono mai caduti, non hanno inciampato. La loro è una virtù spenta, di poco valore. A loro non si è svelata la bellezza della vita.

La bellezza, quella vera, vive e respira nel suono della parola giapponese *wabi sabi*, che spesso viene tradotta con "la bellezza che si trova nell'imperfezione", ma che si basa in realtà sul concetto che di tutte le cose viventi nessuna è perfetta, completa o immortale. *Wabi* è il processo interiore di ricerca della bellezza e di appagamento nella mancanza; *sabi* è la grazia che si scopre nel declino e nel deterioramento causati dallo scorrere del tempo. Questi due caratteri, uniti a formare un'unica parola, celebrano la caducità, onorano le crepe, le fessure e gli altri segni lasciati dal tempo. Forse la migliore traduzione di *wabi sabi* non la si può trovare in un dizionario, ma in una canzone di Leonard Cohen che dice:

There is a crack in everything
that's how the light gets in.

C'è una crepa in ogni cosa
ed è da lì che passa la luce.

La bellezza la si trova racchiusa nelle poche parole di un dialogo fra Matt Damon e Robin Williams in *Will Hunting – Genio ribelle*, seduti uno di fronte all'altro, in una scena per metà improvvisata in cui Robin Williams racconta che la moglie che ha appena perso per una terribile malattia, qualche volta, scorreggiava nel sonno.

SEAN – Mia moglie scorreggiava quando era nervosa, aveva una serie di meravigliose debolezze, aveva l'abitudine di scorreggiare nel sonno... [*ridono*] Scusa se ti racconto questa cosa... una notte fu talmente forte che svegliò il cane... [*ridono*] Si svegliò anche lei... «Sei stato tu?» E io: «Sììì!». Non ho avuto il coraggio!
WILL – Si è svegliata da sola?! [*ride*]
SEAN – Sììì... [*ridono*] Oh Signore... ma Will, è morta da due anni e questo è quanto mi ricordo. Momenti stupendi sai? Piccole cose così, però sono queste le cose che più mi mancano, le piccole debolezze che conoscevo solo io: questo la rendeva mia moglie. Anche lei ne sapeva di belle sul mio conto, conosceva tutti i miei peccatucci; queste cose la gente le chiama imperfezioni ma non lo sono. Sono la parte essenziale.

L'equivoco in cui molti cadono, e in cui anch'io sono caduto tantissime volte, è tutto nella grammatica dei sentimenti: quante volte abbiamo detto «io l'amo *nonostante* i suoi difetti», usando un nesso concessivo e lasciando intendere che, senza quei difetti, tutto sarebbe perfetto! Ma il dottor Živago, Leonard Cohen e Robin Williams ci fanno il regalo di sostituire quel nesso concessivo con uno causale: «Io la amo *proprio a causa* dei suoi difetti», perché sono quelli a renderla unica. A renderla, stavolta sul serio, perfetta, esattamente nel senso in cui la intendeva Karl Kraus quando disse: «Per essere perfetta le mancava solo un difetto».

I nostri difetti spesso sono pregi a cui qualcosa è andato storto

Dopo qualche anno in mezzo a banchi e ragazzi ho capito una cosa, sui difetti: che spesso non sono veri difetti, ma pregi a cui qualcosa è andato storto. Il ragazzo petulante che deve sempre dire la sua; la ragazzina puntigliosa alla costante ricerca di ogni pelo in ogni uovo; quello che racconta balle a tutto spiano. Quando ho iniziato a fare il mio lavoro, pensavo fossero come errori su un quaderno, come accenti fuori posto o apostrofi mancanti. Giorno dopo giorno, invece, ho iniziato a capire che non è la stessa cosa: dimenticarsi un accento riguarda il *fare*, l'essere petulanti, pignoli o bugiardi riguarda l'*essere*. Quindi si stava parlando di tutta un'altra sfera, di un altro mondo: non c'entra niente l'essere fuori posto o il mancare di qualcosa, ma quei difetti – a volte fastidiosissimi – in realtà mi parlavano dei miei ragazzi molto più dei voti in pagella, dei compiti in classe o delle interrogazioni.

Solo poco tempo fa ho capito che tutti quei difetti non erano semplici difetti, ma segni di qualcosa di grande, della nostra natura più intima e forte che preme per farsi vedere, per farsi riconoscere. Certo in modo sconclusionato a volte, o goffo, o addirittura antipatico: ma sotto lo strato oscuro e respingente del difetto quasi sempre si nasconde la parte più luminosa di noi.

Quel ragazzo petulante che deve dire sempre la sua, molto probabilmente nasconde dentro di sé un critico, o forse un giornalista. La ragazzina puntigliosa ossessionata dalle cose fuori posto forse sarà un'arredatrice bravissima a creare ambienti confortevoli o, che ne so, un medico geniale nel diagnosticare malattie. Il bugiardo cronico è semplicemente un bambino a cui piace molto inventare storie e, se saprà affinare questa vocazione crescendo, sarà abilissimo a scrivere romanzi che terranno i lettori incollati alla pagina, oppure a sceneggiare film memorabili o avvincenti serie televisive. Proprio com'è successo a Ingmar Bergman.

Le bugie del piccolo Ingmar Bergman

Ingmar Bergman da bambino diceva spesso bugie, anzi era letteralmente incapace di distinguere tra fantasia e realtà o, come diceva lui, «tra magia e pappa d'avena». A sette anni lo portarono al circo e lì si innamorò in modo travolgente di una ragazza vestita di bianco che cavalcava intorno alla pista. La chiamò Esmeralda e, tornato a scuola, confessò al compagno di banco che i suoi genitori lo avevano venduto al circo e che presto avrebbe lasciato famiglia e scuola per diventare acrobata insieme a Esmeralda. Il compagno di banco andò a dire tutto alla maestra, la quale, molto preoccupata, considerò il fatto così grave da scrivere alla madre di Bergman una lettera; il compagno di banco, invece, finì per essere inseguito nel cortile con un coltello, il che costò a Bergman l'espulsione dalla scuola. Ne prese così tante dai genitori da desiderare la morte di quel compagno.

Quando ho sentito questa storia, mi è piaciuta fin da subito, anche se non riuscivo a capire il perché. Sentivo che mi stava dicendo qualcosa di grande e che oltretutto non stava parlando solo di Bergman, ma di me. Poi mi sono ricordato che, quando ero in terza elementare, avevo raccontato ai miei genitori e a mio fratello che a scuola era arrivata una bambina nuova. Si chiamava Mary, era americana, bionda, bellissima. Fra noi era nato qualcosa di speciale. Ogni giorno, tornato da scuola, aggiungevo una nuova puntata alla nostra piccola love story e tutti mi stavano a sentire con grande interesse. Ero arrivato al punto da farmi dare qualche lezione di inglese da mia madre, che conosceva un po' la lingua, e consigli pratici da mio fratello su come approcciarla. Peccato per un piccolo insignificante dettaglio: Mary non era mai esistita, era unicamente frutto della mia fantasia. Per settimane, però, era stata l'argomento principale in famiglia e la cosa divertente è che nessuno aveva mai sospettato che non fosse una bambina vera. E io provavo un sottile piacere quando mi rendevo conto che la bugia stava in piedi, che la gente mi credeva. Sicuramente qualcuno avrebbe potuto darmi del contaballe, ma solo qualche anno dopo quel piacere sottile si sarebbe trasformato nella gioia immensa che provo tutti i giorni intrattenendo i miei studenti con storie inventate da altri, o inventandone io stesso nei libri che scrivo.

I nostri difetti, insomma, non sono solo mancanza: sono come tanti sassolini buttati per terra che piano piano ci riportano dove c'è casa. Dove noi siamo *più noi.*

D'altro canto, a volte l'errore è frutto di una specie di fretta, di una distrazione che ci coglie quando siamo tutti concentrati su un particolare obiettivo. Proprio come successe, più di cento anni fa, al bambino e al suo «verde grande dragone».

«The Green Great Dragon»

I protagonisti di questa storia sono quattro: un bambino di sette anni, sua mamma, un quaderno e una penna.

Il bambino si chiama John. Quando ha sette anni decide di scrivere una storia su un grande dragone verde, e farlo gli piace un sacco, si diverte proprio, solo che al momento di mettere il titolo si sbaglia, perché scrive *The Green Great Dragon*: è un errore, perché in inglese gli aggettivi non si possono mettere liberamente come in italiano. Bisogna seguire un rigido ordine nella loro disposizione nella frase: prima la quantità, poi la dimensione, poi il colore. In inglese, per esempio, non si può dire «una mela rossa e grande», devi dire «una mela grande e rossa». Il titolo grammaticalmente corretto, quindi, avrebbe dovuto essere *The Great Green Dragon.* Quando il piccolo John, tutto felice, mostrò alla mamma il suo primo racconto, lei si accorse subito dell'errore, lo sgridò e non andò nemmeno avanti nella lettura. Lui ci restò così male, ma così male, che per anni smise di scrivere storie.

Quel bambino di sette anni si chiamava John Ronald Reuel Tolkien, il futuro autore del *Signore degli anelli.*

Ma quanti sono i Bergman e i Tolkien, fra i nostri ragazzi?

Non è la domanda un po' naïf che pretende che dietro ogni peluria incipiente e sotto ogni corpo in continua metamorfosi si nasconda un genio dell'arte o della scienza. Io mi chiedo proprio: quanti sono i ragazzi che vivono la *stessa situazione* di Ingmar Bergman e di J.R.R. Tolkien a sette anni? La condizione di possedere un talento e di vederlo sminuito, o addirittura tarpato, da una cattiva percezione che ci fa vedere solo l'errore e non cosa c'è sotto, solo l'imperfezione e non il pulsare di una qualche grandezza.

Se è vero che non tutte le ragazze e i ragazzi sono dei geni, è altrettanto vero che ognuno di loro possiede almeno un *talento.* «Talento», infatti, è una parola che deriva dal greco *tàlanton,* il piatto della bilancia. Indica sia il peso, cioè la "dote" con cui veniamo al mondo, sia la nostra naturale "inclinazione", ciò verso cui tendiamo, e in questo secondo significato è un po' un sinonimo di "destino". Sbarrare la strada al talento di un ragazzo o di una ragazza è in qualche modo anche sbarrare la strada al suo destino.

Perché è fin troppo evidente, per noi che oggi lo sappiamo: le bugie così ben articolate e piene di dettagli del piccolo Ingmar Bergman erano una manifestazione del suo talento, il preludio a una vita durante la quale quel bambino, una volta cresciuto, avrebbe trasformato le proprie fantasie in sogni di celluloide. Non erano solo bugie: erano presagi di un destino. Allo stesso modo in quella sbavatura del piccolo Tolkien oggi la vediamo tutta, la fretta e l'entusiasmo del fiume in piena di storie, lo strabordare di una bellezza dirompente, l'acqua che per troppa forza scavalca l'argine.

Insomma, è facile rendersi conto dei talenti dopo che sono esplosi agli occhi del mondo, ma quante volte ci succede di fare come quella madre? Quante volte siamo noi adulti a voler usare il bianchetto per coprire quello che consideriamo un errore, col rischio di cancellare, insieme all'errore, anche qualcosa di prezioso?

Se la delusione maturata dopo la sgridata della mamma fosse stata solo un po' più forte, o se il carattere di Tolkien fosse stato solo un po' più debole, il mondo avrebbe perso *Il signore degli anelli* e un patrimonio di immaginario che già a sette anni stava iniziando a mostrarsi.

Se i genitori e la maestra di Bergman fossero riusciti nell'intento di correggerlo, se avessero steso abbastanza bianchetto sulla sua vita da cancellare Esmeralda e la capacità di quel bambino di sognare, il mondo non avrebbe mai conosciuto capolavori come *Il settimo sigillo, Il posto delle fragole, Fanny e Alexander.*

Ecco: quanti capolavori il mondo non ha mai conosciuto? Quante volte è successo che il bianchetto li ha cancellati?

Infine la domanda più importante, perché riguarda noi: quali potenzialità non siamo stati in grado di esprimere, perché nella veste di *maestri di noi stessi* abbiamo trattato i nostri errori come qualcosa da nascondere, invece che come il tratto più profondo e vero di quello che siamo?

Sbagliare non è bello. È necessario

Parliamoci chiaro. Sbagliare non è bello.

A volte può creare ferite, crepe e dolori che ci mettono anni a mettersi a posto. E alcuni errori, semplicemente, non si mettono a posto mai. No, sbagliare non è bello: però è necessario. Necessario se si vuole sapere davvero chi siamo, perché errori e difetti ci parlano di noi molto più dei pregi e dei punti di forza. Necessario se si vuole vivere una vita piena, esprimere davvero tutto il nostro potenziale, far emergere il nostro talento nella grammatica dei sentimenti in cui il verbo *essere* e il verbo *sbagliare* smettono di essere distanti, ma si avvicinano fino a toccarsi. Se si vuole davvero *essere,* occorre qualche volta *sbagliare,* proprio come disse una grande esperta in fallimenti di nome J.K. Rowling, in un discorso agli studenti di Harvard.

È impossibile vivere senza fallire in qualcosa, a meno di vivere così prudentemente che tanto varrebbe non vivere affatto. Nel qual caso si fallirebbe in partenza.

Per questo motivo questo libro è anche un viaggio dentro tutti i miei errori, i più grandi che ho commesso in vita mia, quelli che poi si sono aggiustati e quelli che non si aggiusteranno mai. Leggendone alcuni avrete pensato e penserete: "No, non può averlo fatto *davvero*". Invece sì, tutto quello che racconto è vero: giù il velo, giù tutto. Perché non puoi dire di conoscere davvero te stesso se non passi in rassegna i tuoi errori, se non li guardi negli occhi, se non gratti via il bianchetto con cui li nascondi al mondo.

Togliere il bianchetto dalla pagina vuol dire, allora, una cosa sola: guardarsi davvero allo specchio, per dire che cosa vedi.

3.
LA PENNA ROSSA E LA PENNA VERDE
L'errore di dimenticarsi la luna

«Se io potessi vivere un'altra volta la mia vita nella prossima cercherei di fare più errori.»
DON HEROLD, *Se io potessi vivere un'altra volta la mia vita*

È successo in treno. Stavo correggendo dei compiti. Avevo questa ragazza in classe, si chiamava Alessandra. Era rumena e, per via delle differenze tra le due lingue, dimenticava spesso le doppie, ma piano piano stava imparando a metterle giuste. Quello che invece sbagliava sempre e che non era mai riuscita a capire era l'uso dei due punti. A volte li metteva dopo le virgolette, a volte nel bel mezzo della frase, come fossero delle virgole, a volte alla fine, come fossero punti. In tre anni, non c'era mai stato verso di vederglieli azzeccare.

Poi, quel giorno, successe. Lessi il suo compito e, a un certo punto, trovai i due punti messi esattamente dove dovevano essere: un periodo di due frasi, in cui la seconda era la spiegazione della prima e, in mezzo, bellissimi, quasi fulgidi, quei due punti azzeccati per la prima volta dopo tutto quel tempo. Mi commossi, giuro.

Fu lì che me ne resi conto per la prima volta. Non che lei avesse finalmente fatto qualcosa di giusto: ma che io avevo sempre sbagliato.

Nel mio lavoro di insegnante, avevo usato sempre e solo la penna rossa. Per correggere i compiti, avevo pensato sempre e solo a sottolineare gli errori. Questo perché, quando io ero stato studente, i miei insegnanti avevano fatto lo stesso con me: solo la penna rossa, usata per farmi vedere che cosa non andava bene, che cosa non funzionava, gli errori di sintassi o di ortografia. A dire il vero, c'era stata anche una prof che in quarta liceo usava due penne, la rossa e la blu: peccato che i due colori le servissero solo per differenziare la gravità degli errori, per cui i rossi erano quelli veniali, i blu quelli terribili, gravi, quelli che da soli ti facevano meritare un'insufficienza.

Guardando quei due punti che mi sorridevano, capii che il vero errore da segnare in rosso era stato il mio che, per anni, avevo pensato solo a sottolineare gli errori dei miei studenti. A forza di concentrarmi sul dito, mi stavo dimenticando quanta luna c'era da guardare.

No, non potevo sperare di ottenere dei risultati se mi limitavo a marchiare con il mio bell'inchiostro rosso le cose che non andavano: ci voleva qualcos'altro, un altro colore, per sottolineare cose diverse. Per mettere in evidenza il bello. Per dire in qualche modo: «Ehi! Questa cosa ti è riuscita proprio bene!».

Così cercai nella mia borsa e trovai una penna verde. Feci un bel cerchio intorno ai due punti di Alessandra, e vicino ci scrissi: *Brava, giusto!*

Festeggiai come se quegli stupidissimi due punti fossero una conquista fondamentale, un grande risultato, un passo avanti per il progresso dell'umanità. Perché, in effetti, lo erano.

Da quel momento in poi non ho più smesso: anche oggi, quando i miei studenti usano una parola particolare, ricercata, quando gli riesce bene una frase, quando beccano il primo congiuntivo giusto, quando dopo mille *un pò* scrivono *un po'*, allora, io: *penna verde.* Glielo dico, che hanno fatto qualcosa di giusto, o di bello.

Nella scuola che io ho vissuto da studente – e spesso anche in quella che vedo da insegnante – funzionava e funziona ancora troppo che l'unica penna che si usa è la rossa. Tutto lo sforzo che si fa è quello di trovare l'errore, la macchia, il cosa c'è che non va. Certo che gli errori sono importanti, certo che sbagliando si impara e tutto il resto: ma a bordo di quel treno, con quel compito in mano, mi resi conto che se facciamo vedere ai ragazzi *solo* dove sbagliano, se tutti i nostri sforzi si concentrano sui loro errori, facciamo noi l'errore più grande di tutti. L'errore di lasciar passare inosservata la forza per guardare solo la debolezza, l'errore di perdere di vista la luce perché troppo distratti dal buio. Il fatto è che, però, quello che siamo non ce lo costruiamo da soli: molto spesso diventiamo quello che gli altri vedono in noi. Se di un ragazzo o di una ragazza vediamo solo il buio, quanta luce ci perdiamo?

Armati di sola penna rossa non li aiutiamo a trovare la bellezza nascosta sotto uno strato di sbagli, una bellezza che spesso neanche loro sanno di avere, se non c'è nessuno che glielo dice, che gliela mostra: a lungo andare il rischio è che si convincano anche loro di essere solo buio, di non avere niente di speciale, di non essere capaci, di non avere talenti. Di non valere granché.

E chissà quante volte quello stesso errore l'ho fatto e lo facciamo anche nella vita vera, quella fuori dalla scuola. Quante volte mi sono aggirato per il mondo con in tasca solo una penna rossa, nessuna penna verde, pronto a cercare negli altri quello che non andava, a vedere il difetto, la mancanza, la virgola fuori posto, ma dimenticandomi di segnare ben chiaro in verde tutto ciò che invece c'era di bello, di unico, di raro o prezioso.

E invece bisognerebbe fare proprio così, sempre. Dirglielo, a tutti, quando mostrano qualcosa di bello. Farlo sapere quando un po' della loro luce fa capolino all'esterno. Soprattutto alle ragazze e ai ragazzi. E, fra loro, soprattutto a quelli che fanno più fatica a credere in sé stessi.

Faticoso, lo so. È dura usare la penna verde. Perché a volte per trovare qualcosa di bello, o anche solo di giusto, devi cercarlo col lanternino. Quello che non va si vede sempre a occhio nudo; quello che va, quello che splende, a volte bisogna sforzarsi di vederlo, perché se ne sta acquattato fra le righe, più nei silenzi che nelle parole.

Di questa storia, alla fine, mi è rimasto il più grande insegnamento di tutti, non quello che ho impartito io ad Alessandra, ma Alessandra a me, quando le ho riconsegnato il compito: il suo sorriso nel vedere cosa le avevo scritto in verde e soprattutto il fatto che, da quella volta, i due punti giusti li ha messi sempre più spesso.

4.
FUORI TEMA
Per trovare la propria strada, a volte bisogna perderla

«Se non siete disposti a commettere errori,
non farete mai nulla di originale.»
SIR KEN ROBINSON

Non scrive mai più di mezza pagina, nei temi.

È uno di quelli che non protestano mai, ma poi negli occhi la vedi bella chiara la frase: "Oh no, prof, il tema no!". È uno di quelli spiritosi ma non volgari, tranquilli ma non stupidi. Ogni tanto alza la mano e gli partono delle domande strane, di quelle che non c'entrano ma c'entrano, oppure di quelle che ti viene il dubbio se siano molto intelligenti o molto insulse – una volta nel bel mezzo di una lezione di grammatica mi chiese se i ciechi, quando sognano, vedono qualcosa – e tu rispondi sempre, o almeno ci provi, perché uno studente che fa domande è il meglio che ti possa capitare, meglio anche di uno che sa tutte le risposte.

Anche se sembrano stupide. Anzi, soprattutto perché sembrano stupide.

Però scrivere no. Quello proprio no. Non gli piace.

Oggi però c'è la simulazione del compito d'esame e non vede bene la lavagna, così mi chiede se può sedersi vicino alla cattedra. «Certo, vieni», gli dico e lui si siede proprio di fianco a me. Sceglie la traccia numero due: deve parlare del proprio futuro, della scuola in cui andrà. Stavolta è diverso, le parole gli escono, certo piene di cancellature e segni, ma ha già riempito due pagine, e io sono felicissimo. Così dopo un po' butto l'occhio, con nonchalance, e cerco di capire com'è che stavolta sta scrivendo così tanto.

Oh no, sta andando fuori tema!

La traccia era sul futuro, e ci sono righe e righe in cui

parla di amicizia, dice che non vuole deludere gli amici, fa gli esempi di come si possono deludere gli amici.

Ma no accidenti, il tema è sulla scuola in cui andrai!

Che faccio, glielo dico?

"Forse fa ancora in tempo a riscrivere tutto", penso. "Però accidenti: è la prima volta che mi scrive così tanto, non posso fermarlo proprio adesso. No dai, aspetto ancora cinque minuti, magari si rimette in carreggiata."

Poi però i cinque minuti passano, lui ha scritto altre cinque righe e si sta allontanando sempre più dalla traccia: non resisto più, lo devo fermare, glielo devo dire, e poi...

Poi, un attimo prima di fare *toc toc* con la penna sul foglio, mi torna in mente una pagina meravigliosa del *Giovane Holden*, quella in cui Holden parla del gioco «fuori tema». Un gioco semplice: quando qualcuno, durante un'esposizione orale, divaga troppo, tutti gli altri gridano: «Fuori tema!». Mi ricordo quanto l'ho adorata sin da subito, quella pagina, da adolescente. Ancora non sapevo perché, ma per la prima volta mi sentivo capito da un libro. La prima volta che ti succede non puoi non "restarci secco" (come probabilmente avrebbe detto Holden). Mi sentii compreso, proprio come succede con un amico, nel punto in cui Holden dice che, a lui, non dispiace per niente quando qualcuno va fuori tema.

> Oh, certo! Mi piace che uno resti in argomento e tutto quanto. Ma non mi piace che ci resti troppo. Non lo so. Non mi piace quando uno resta sempre in argomento, credo.

C'è in fondo anche una qualche bellezza in chi esce di strada. Anche nei film: quel momento in cui la macchina sterza ed esce dalla carreggiata, viaggia verso l'inesplorato, crea in noi un'istintiva commozione e sorpresa. Certo, il più delle volte, da insegnante, ti indispettisce, sei lì che correggi il testo a casa e batti i pugni sul tavolo, ti verrebbe da scrivere lì di fianco *Ma hai letto la traccia?!* – cosa che poi fai, salvo poi correggere il tiro con un più eufemistico *Questa parte è poco aderente alla traccia richiesta* –, ma al tempo stesso ti chiedi: “Perché mi stai parlando di questo? Cosa c’è che mi vuoi dire?”.

La risposta me la dava di nuovo Holden, poche righe più sotto:

> C’era quel ragazzo, Richard Kinsella. [...] Quel discorso sulla fattoria che suo padre aveva comprato nel Vermont, per esempio. Lui parlava, e loro non hanno fatto altro che gridargli «fuori tema!», e il professore, il professor Vinson, gli ha messo quattro perché non aveva detto che specie di animali e di piante e di cose c’erano nella fattoria eccetera eccetera. Quello che faceva Richard Kinsella era che cominciava a parlare di quelle cose, poi, tutt’a un tratto, si metteva a parlare di quella lettera che suo zio aveva scritto a sua madre, e che suo zio aveva avuto la poliomielite e via discorrendo a quarantadue anni, e che voleva che nessuno andasse a trovarlo in ospedale perché voleva che nessuno lo vedesse con l’apparecchio ortopedico. Non c’entrava molto con la fattoria, lo riconosco, ma era simpatico. È simpatico quando uno ti parla di suo zio. Soprattutto quando cominciano a parlarti della fattoria del padre, e poi tutt’a un tratto gli interessa di più lo zio. Voglio dire, è una porcata continuare a gridargli «fuori tema!» quando lui è così simpatico e pieno di entusiasmo... Non lo so. È difficile da spiegare.

Che poi: proprio io parlo. Io che da studente ero il massimo esperto mondiale di fuori tema. La traccia che scelsi alla maturità, per dire, era sul rapporto fra matematica e poesia e io, dopo un paio di righe in cui mi sforzai di restare in argomento, partii con una lunghissima divagazione su – vai a sapere perché – Stanley Kubrick, per poi cimentarmi in un paio di facciate di descrizione del computer HAL 9000 di *2001: Odissea nello spazio*, del suo rapporto con l’umano. Insomma presi letteralmente un’astronave e decollai in direzione Giove e oltre l’infinito, perdendo totalmente di vista la traccia e arrischiandomi in disquisizioni filosofico-cine matografiche a metà tra il visionario e il delirante. La cosa divertente fu che ero convinto di aver prodotto una specie di capolavoro: al momento dell'orale d'esame il presidente di commissione mi avrebbe stretto la mano e mi avrebbe comunicato orgoglioso di aver appena spedito il mio testo al ministero segnalandolo come miglior tema dell'anno. La realtà fu leggermente diversa: il mio compito non era partito destinazione ministero ma, sul retro, campeggiava un bel quattro e mezzo scritto in rosso e firmato da tutti i professori della commissione, meritatissimo e anzi fin troppo generoso. Non dimenticherò mai i loro sguardi perplessi mentre cercavano di capire quale traccia avessi mai letto.

Ecco allora che resisto ancora alla tentazione, non lo fermo, aspetto. Ripenso al mio esame, a come i professori si guardavano e mi dico che sono proprio l'ultimo al mondo che può ergersi a censore di chi non riesce a stare nella traccia.

La domanda che mi faccio mentre guardo il mio studente scrivere è: "Che cos'è che ci spinge ad andare fuori tema? Perché a volte c'è questo richiamo irresistibile che ci porta fuori dalla strada tracciata? Cos'è che ci distrae dalla meta e ce la fa perdere di vista?".

La calligrafia di Steve Jobs

C'è quella vecchia storia di Steve Jobs, che lui stesso raccontò nel celebre discorso ai laureandi dell'università di Stanford, quello di cui tutti ricordano solo il famoso «*stay hungry, stay foolish*». Jobs ricorda quando, di punto in bianco, dopo aver mollato il suo percorso ufficiale al Reed College di Portland, decise di seguire un corso apparentemente futile, che non aveva alcuna utilità pratica, insomma un autentico spreco di tempo e denaro. Un corso di calligrafia.

> Il Reed College all'epoca offriva probabilmente la migliore formazione del paese in calligrafia. In tutto il campus ogni poster, ogni etichetta, ogni cartello erano scritti a mano con grafie bellissime. [...] Ma nessuna di queste cose aveva alcuna speranza di trovare un'applicazione pratica nella mia vita. Dieci anni dopo, quando ci trovammo a progettare il primo computer Macintosh, tutto quello che avevo imparato

mi tornò utile. E lo riversammo tutto nel processo di ideazione. Il Mac è stato il primo computer dotato di una bellissima serie di caratteri tipografici.

Anche questo fu un clamoroso fuori tema nella vita di Steve Jobs, quando non era ancora lo straordinario innovatore universalmente riconosciuto che diverrà poi. A guardarlo con gli occhi del presente, se fossimo stati lì con lui mentre prendeva la decisione apparentemente senza senso di abbandonare un curriculum prestigioso per seguire un corso esteticamente interessante ma tutto sommato inutile, avremmo fatto come i compagni di Holden: lo avremmo stoppato subito, gli avremmo gridato «fuori tema!». Eppure c'era qualcosa che lo incuriosiva: come una specie di chiamata, dentro quell'attrazione istintiva verso il disegno accattivante di lettere e numeri. Niente che si potesse definire, o il cui scopo potesse essere chiaro fin da subito, ma quella deviazione dal percorso prestabilito, quell'uscita temporanea dal cammino iniziale era in realtà un correre più spedito verso una meta sconosciuta ma grandiosa.

Ci sono istanti, nella nostra vita, che sono come deragliamenti: treni che escono dai binari, perdite di senso, crisi. Eppure, a quel deragliare a volte fa seguito un procedere lungo binari più segreti e nascosti. Sono dei perdersi che, come gusci, nascondono in sé la luce di un qualche trovarsi.

Se non avessi partecipato a quel singolo corso, il Mac non avrebbe mai avuto caratteri tipografici differenti o font spaziati in modo appropriato. E dato che Windows ha copiato Mac, è probabile che non ci sarebbe stato nessun personal computer con quelle caratteristiche. Se non avessi mollato il college, non avrei mai frequentato quel corso di calligrafia e i personal computer potrebbero non avere le stupende capacità tipografiche che hanno al giorno d'oggi. Quando ero al college, era impossibile unire i puntini guardando al futuro. Ma tutto è diventato molto, molto chiaro guardando indietro dieci anni dopo.

I fiumi e il π

Nel 1987 il professor Hans-Henrik Stolum dell'università di Cambridge condusse uno studio matematico sulla lunghezza dei fiumi. Tutti sanno che i fiumi fanno un sacco di strada in più per arrivare fino al mare rispetto alla distanza in linea d'aria tra sorgente e foce. Lui voleva calcolare esattamente *quanta strada in più.*

Scoprì che ogni fiume, nei punti in cui compie dei meandri (le ampie sinuosità che solitamente caratterizzano la parte terminale del corso di un fiume), ci mette esattamente π volte in più di volte. Esatto: ogni fiume, quando si incurva in meandri, percorre 3,14 volte la distanza in linea d'aria tra sorgente e foce. Come se Bolt per correre i cento metri alle Olimpiadi non seguisse il tracciato della pista, ma facesse curve, tornanti, inversioni a U per un totale di 3,14 volte: insomma invece che 100 metri ne corresse 314 e qualcosa.

Più precisamente il rapporto è questo:

$$\text{Lunghezza del fiume} = \pi \text{ (distanza foce/sorgente)}$$

Dove non ci sono meandri, il rapporto medio è circa di uno a due, quindi il doppio della distanza. Non esistono insomma fiumi che dalla sorgente alla foce vanno via dritti senza mai curvare, senza sbagliare strada, ma ci mettono tra il doppio e il triplo del tempo per diventare quello che erano destinati a essere.

I geografi e i geologi sono ancora lì che cercano di capire perché si formino i meandri, ma l'ipotesi più accreditata è che questi di solito si creino dove la pendenza del terreno diminuisce. Un po' come con lo scivolo al parco giochi: in fondo troviamo sempre una piccola buca per terra che si crea a forza di piedi che atterrano lì e che, per effetto del cambio di pendenza, rallentano bruscamente.

Il meandro, insomma, quella curva in più, quell'andare fuori dalla linea retta che porterebbe dritti al mare, è sempre la conseguenza di una forza. Di qualcosa che preme dall'alto, che spinge per farsi sentire.

Ecco allora che penso a Holden, a Steve Jobs e al professor Stolum; alle loro storie, che ci dicono che siamo anche noi così, siamo tutti fiumi in corsa verso il mare: siamo tutti curve, andare fuori strada, destini che sembrano deragliare e invece stanno solo cercando, con più forza, sé stessi.

Così alla fine lo lascio scrivere e non intervengo. Dopo un altro po' ributto l'occhio sul foglio, guardo con più attenzione: in effetti era partito parlando della scuola, delle sue più grandi paure, e vedo che sta scrivendo che la sua più grande paura è quella di trovare un amico nella nuova scuola e poi di trattarlo male, di perderlo, magari dicendogli qualcosa di sbagliato. In effetti la traccia chiedeva di raccontare le paure e i desideri collegati alla nuova scuola: non solo è rimasto in tema ma lo ha sviluppato in modo originale.

E così alla fine ripenso a lui, alle sue domande che non c'entrano ma c'entrano, a tutte le volte che ci sentiamo noi, "fuori tema".

A tutte le volte in cui ci sembra di essere dei fuori tema in mezzo ad altri che invece ci sanno stare, in tema, e per questo cambiamo, ci adeguiamo agli argini della vita, cerchiamo di essere come loro, e alla fine diventiamo qualcosa che non siamo noi.

A tutte le volte che, per restare in tema, rischiamo di andare davvero fuori dal tema più importante.

Tutte quelle in cui, insomma, se solo avessimo la pazienza e il coraggio di rileggere bene quello che stiamo scrivendo, ci renderemmo conto che in tema ci siamo, eccome.

Se solo ci credessimo per cinque minuti in più, rischieremmo di scrivere qualcosa che nessun altro sarebbe in grado di scrivere.

5.
IL PESO DELLE PAROLE
L'errore di dimenticarsi dell'altro

«Sto lavorando duro per preparare il mio prossimo errore.»
BERTOLT BRECHT, *I racconti del Signor Keuner*

Questo è difficile da raccontare.

Fra i tanti errori che ho fatto, questo è uno dei più brutti. Comincia da lontano, proprio come quello dei palleggi, con una cosina innocua, perfino divertente, salvo poi ripetersi nel tempo e diventare infine uno di quegli errori che non si riparano, uno di quelli di cui ti penti per sempre.

Sì, perché se la tua vita è scrivere e insegnare, non soppesare le parole può essere un fardello che ti porti dietro per tutta la vita.

Cominciò dunque con una cosina da nulla: una poesia scritta in seconda elementare per la festa della mamma. Tutti i miei compagni si erano attrezzati con forbici e cartoncini colorati ma io no, io avevo già le idee chiare.

«No maestra, io voglio scrivere una poesia!»

«Va bene, Enrico, basta che stai zitto e non rompi!»

Quella poesia doveva segnare il mio ingresso ufficiale nel mondo delle lettere. Composi sei versi che, già lo presentivo, mi avrebbero fatto raggiungere l'immortalità.

Mamma, ogni giorno che passa
diventi sempre più grassa
ogni giornata con te è lieta
ma, ti prego, mettiti a dieta
tu di tutte sei la più bella
ma, forse, esageri con la mortadella.

Quello che non potevo sapere era che, più che all'immortalità, quei sei versi mi esponevano al rischio della *mortalità*, quella infantile però: la maestra mi fece notare che la destinataria non avrebbe molto gradito tanto slancio poetico. Mi stupii. "E perché mai non dovrebbe gradire?" pensai. Lo pensai sul serio, perché a me sembrava solo una poesia divertente. Per provare che avevo ragione io, lessi la poesia ad alta voce e i miei compagni risero: mi sentii bene, era bello avere l'apprezzamento di tutti, soprattutto di Veronika che, me lo ricordo come fosse adesso, si girò verso di me con un sorriso e mi illuminò d'orgoglio con i suoi occhietti celeste chiaro. Devo ringraziare la maestra Maria e il suo divieto di fare uscire quel foglio dalla classe se ho desistito dall'intenzione di offrire il frutto del mio ingegno poetico a mia mamma, perché io ero del tutto determinato a farlo, senza scherzi. Il mio orgoglio di scrittore già allora era così forte da soverchiare anche il più elementare istinto di sopravvivenza.

Detta così sembra niente, l'ingenuità di un bambino, ma dentro quell'errore, come sempre succede, si nascondeva qualcosa di più grande, un pericolo che era difficile da intravedere nelle rime simpatiche di un nanetto col grembiulino, ma che esattamente venticinque anni dopo avrebbe presentato il conto manifestandosi per intero, una sera, in un bar.

Un amico che conoscevo da quindici anni decide di aprirsi con me, mi racconta la sua storia e io gli dico: «Ehi, è una bella storia, posso scriverci un pezzo sul giornale?». Lui acconsente. «Però non far capire chi sono: sai, ti ho raccontato cose che non voglio si sappiano di me.» Io scrivo l'articolo, lo mando via e-mail al direttore, il direttore lo pubblica, diventa un caso, tutti ne parlano. Con il piccolo insignificante dettaglio che ci ho inserito anche una descrizione dell'aspetto fisico del mio amico, che viene riconosciuto, mi scrive, mi chiama e me ne dice di tutti i colori. Da quel momento, in pratica, smette di essere mio amico.

Ancora oggi non so come ho potuto fare una cosa del genere. Ricordo che era un momento molto difficile per me, la ragazza mi aveva appena mollato, ero confuso, mi aggiravo per il mondo come fossi sempre febbricitante, ma in ogni caso non ci sono scuse. C'era qualcosa di più, nella leggerezza con cui ho inviato quell'e-mail al direttore senza prestare particolare attenzione a quello che avevo scritto. C'era qualcosa che mi aveva annebbiato la vista, proprio la stessa tentazione che mi spingeva a portare a casa quella poesia a mia mamma, qualcosa che aveva oscurato il mio senso della misura e fatto sì che non soppesassi a fondo quello che avevo scritto. Perché le parole possono diventare pietre, se non ci stai attento. E quelle erano pietre affilate, che fanno sanguinare ancora oggi.

Fretta? Distrazione? Disattenzione? Cos'era quel qualcosa? L'ho capito molto tempo dopo. In classe. Una mattina.

La strigliata di Shakespeare

Mi arriva in ritardo per la terza volta di fila. Tutto trafelato e ansimante, apre senza bussare e corre al suo posto, sperando che facendo le cose di corsa si noti meno il suo ritardo. Lascia anche la porta aperta, così io assumo subito un'espressione seria, compita, entrando nella parte del censore: «Non è che per caso hai dimenticato la porta aperta?».

Lui si alza e la va a chiudere. A quel punto gli chiedo come mai, se c'è un motivo per tutti questi ritardi, e lui mi dice che ha calcolato male i tempi. «Sa com'è, prof!» dice sorridendo. Scanzonato, quasi. Come se non fosse successo niente di grave: che sarà mai, un po' di ritardo!

Sono belli questi momenti in cui un po' ti sfidano. Sì, perché ti permettono di esercitare tutte le tue qualità attoriali. E lui, con quell'espressione scanzonata, mi mette sul piatto d'argento la possibilità di tirare fuori dal mio repertorio uno di quei bei monologhi intensi, vibranti, pieni di pathos che mi fanno salire di livello: da Espressione Seria passo a Dramma Shakespeariano. Sguardo severo, sopracciglia aggrottate, braccia incrociate, e giù a fargli notare che la puntualità è una cosa importante, che può capitare una volta, ma tre di fila non va bene, è anche una questione di rispetto verso i suoi compagni che sono arrivati in orario, non è giusto nei loro confronti e un sacco di altre belle frasi tratte direttamente dal catalogo delle Frasi A Effetto Per Far Sentire In Colpa Gli Studenti.

Alla fine del monologo le orecchie gli toccano quasi terra. Lui si scusa, si siede e io, soddisfatto del mio bel predicozzo, ricomincio la lezione, certo che dopo cotanta strigliata shakespeariana non succederà mai più, e invece.

Il mattino dopo arriva di nuovo in ritardo.

A quel punto i miei occhi si fanno sempre più shakespeariani, non c'è neanche bisogno del predicozzo, capisce subito di essere nei guai, ma stavolta è lui che mi chiede di uscire: mi deve dire una cosa, dice.

Quando siamo lì fuori, io e lui soli, il viso un po' scanzonato del giorno prima sparisce subito per lasciar spazio a un'espressione diversa, colpevole, come se i sorrisi gli fossero serviti per proteggersi dagli sguardi dei compagni più che dai miei. A bassa voce, in corridoio, mi racconta che sua mamma è in ospedale e allora deve far da mangiare ai fratelli piccoli. «Scusi, prof, io ci provo, ma non riesco ad arrivare giusto», dice. «Per favore non lo dica ai miei compagni, che dopo mi prendono in giro.» E mentre vedo Shakespeare farmi no con la testa dall'alto e mi sento una gigantesca immane smisurata cacca, capisco cos'era la cosa che mi oscurava la vista e non mi faceva vedere quello che avevo scritto, quanto male potevano fare le mie parole, a mia mamma in seconda elementare e al mio amico a trentacinque anni.

L'io e il tu

Ero io. Ero io quello che rovinava tutto. C'era l'*io* che oscurava qualsiasi *tu*.

Il mio bisogno di ricevere attenzioni, la mia fame di essere ascoltato, apprezzato, letto, era tale da farmi dimenticare che le mie parole parlavano anche di qualcun altro. Così come con quello studente c'erano il mio ruolo, la mia parte da recitare in questo spettacolo, il mio senso del dovere che mi diceva di metterlo in riga, c'era l'*io* che mi si era messo davanti agli occhi e mi aveva nascosto la paura che c'era dentro i suoi, e forse anche il dolore, di sicuro l'ansia di quando hai un segreto e non vuoi che il mondo lo calpesti con risate o sguardi storti. Questo era l'errore commesso per la prima volta da bambino, poi fatto e rifatto: mettere l'*io* prima del *tu*, dimenticarsi di quanto possano ferire le parole per il bisogno di farle amare a qualcuno.

Ed è proprio per questo che è così difficile questo lavoro, quello d'insegnante, perché l'*io* non deve mai venire prima del *tu*, devono essere sempre loro il fine, le ragazze e i ragazzi. Tu al massimo sei uno strumento, ed è proprio per questo che bisogna saper aspettare prima di giudicare, è proprio questo che lo rende così complicato: saper attendere il momento giusto prima di dire qualcosa, saper cogliere negli occhi il non-detto fra le parole.

Chissà quante volte l'ho fatto – lo facciamo – di dire qualcosa prima che sia il momento, prima di sapere, prima di conoscere davvero, perché l'*io* si è messo in mezzo e non ci ha fatto vedere il *tu*. E giù parole come macigni, noi, senza neanche accorgerci se rompiamo qualcosa, tranquilli e soddisfatti, proprio come me con il mio studente, come me a sette anni quando guardavo orgoglioso gli occhi sorridenti di Veronika o a trentadue, tutto tronfio per il mio articolo diventato virale. Eccola là, forse tutta là, la differenza fra un bravo insegnante e uno così così, fra un bravo scrittore e uno così così, ma anche fra una brava persona e una così così.

Non evitare di giudicare. Non evitare di parlare, o di scrivere. Ma sapere.

Sapere quanto pesano, tutte, sempre, le nostre parole.

6.
IL SUCCESSO È UN SASSOLINO
L'errore di farti dire che cosa sognare

«Happiness only real when shared.»
ALEXANDER SUPERTRAMP, *Into the Wild*

A volte gli errori non sono cose che si fanno, ma cose che si pensano. Idee sbagliate, opinioni che non stanno in piedi, false convinzioni. E non serve essere Socrate per capire che possono fare molti più danni delle azioni: poiché le ispirano, le preparano, le muovono dall'alto coi loro fili.

Ho avuto idee politiche sbagliate, da giovane, e ho votato chi si è rivelato poi essere un mascalzone; pregiudizi verso le persone, e ho messo nella casella "brutta gente" chi invece meritava tutto il mio rispetto. Ma l'idea più sbagliata che ho avuto – e l'ho avuta per anni – era su che cosa fosse il *successo*.

Quando ero ragazzo, ero convinto che il successo fosse fare un mucchio di soldi, finire in TV, essere fermato per strada per firmare autografi, vincere premi. Non era solo la vaga idea di un adolescente: ero proprio convinto che le cose stessero così.

Ecco, in una parola: che fosse *grande*. Che il successo fosse qualcosa di grande, di così grande che tutti lo potessero vedere. Che nessuno lo potesse mettere in dubbio.

In realtà non era un'idea mia. Non so nemmeno dire chi me l'avesse messa in testa, forse il fatto di essere cresciuto negli anni Ottanta, che sono stati un po' il decennio simbolo di quel concetto lì. Fatto sta che non era quello che desideravo: era quello che mi dicevano di desiderare.

Poi però è andata che qualcosa di simile a quell'idea che mi ero fatto mi è successo davvero. Solo lì ho potuto vedere, anzi toccare con mano, che mi ero sempre sbagliato.

Ora, intendiamoci: non è che non faccia piacere quando qualcuno ti riconosce, così come non è una brutta sensazione quando squilla il telefono e dall'altra parte c'è un giornalista che ti vuole invitare in TV o intervistarti per un quotidiano nazionale. Sicuramente non fa schifo vincere premi. Anche quella è una bella sensazione, ma quando mi è capitato non ho pensato che fosse quello il "successo". Aveva più a che fare con la soddisfazione di veder riconosciuto qualcosa, ma non era molto distante da una voce materna che ti dice: «Bravo».

Cosa fosse il successo, cosa fosse davvero, me l'ha spiegato un ragazzo poco più giovane di me, durante un viaggio fatto insieme in macchina.

Si chiamava Adrian, io non lo conoscevo. Eravamo seduti vicini, sui sedili posteriori, e a un certo punto lui mi disse: «Io in valigia, nel portabagagli, ho un pezzo di luna».

Io pensai, tra me: "Un pezzo di luna? Ma che cavolo dice?», ma poi dissi soltanto: «Sul serio?».

Sì, aveva un pezzo di luna. Era un astronomo dilettante, o almeno così mi sembrò di capire. Qualche tempo dopo seppi che era un divulgatore scientifico e scriveva libri, partecipava a trasmissioni TV, aveva un canale YouTube molto seguito.

«Come mai hai dei pezzi di luna?» gli chiesi.

Aveva scoperto che un museo metteva in vendita dei frammenti lunari che l'impatto di un meteorite aveva fatto precipitare sulla terra centomila anni fa o giù di lì. Ognuno di questi "sassolini" costava circa ventimila euro.

«All'epoca non avevo un euro, però quei sassolini li desideravo troppo, così mi sono cercato un lavoro qualsiasi pur di mettere via i soldi.»

«E che lavoro hai fatto?»

«Il lavapiatti, per due anni di fila, in un ristorante lercio dove si volevano tutti così bene che avevano sostituito il ciao con il vaffanculo.»

Dentro di me, su quel sedile, pensai che quei sassolini dovevano essere molto belli, per valere due anni di insulti sudaticci nella cucina di un ristorante lercio. Volevo tanto chiedergli di vederli, perché ormai ero curiosissimo, quando lui mi anticipò: «Quando scendiamo te li faccio vedere».

Scendemmo. Prese la valigetta e la aprì. Dentro c'era una scatolina come quella degli anelli delle gioiellerie. Aprì anche quella. Non credevo ai miei occhi.

Erano dei sassolini minuscoli, microscopici, delle dimensioni di corn-flakes, di quelli che si spezzano a metà però. Adrian, il ragazzo che avevo di fronte e che me li stava mostrando con gli occhi raggianti di una gioia stellare, aveva lavorato per due anni in un postaccio per poterli comprare. Me li fece anche sfiorare e giuro, giuro che l'ho sentita davvero la luna in quei minuscoli corn-flakes, per un istante la luna l'ho vista da vicino e per intero nelle sue pupille, illuminate da una luce che non sapevo potesse esistere.

Quello: quello era il successo. Qualcosa di *piccolo*, di estremamente piccolo, in cui però c'era tutta la strada fatta per ottenerlo, tutto il sudore, la rabbia, la frustrazione; dentro cui c'erano tutti i sogni di bambino e la possibilità, con quei sogni, di far sognare anche altre persone, proprio come era successo a me che, per un istante, ero riuscito a vedere la luce della luna sfiorando quei minuscoli sassolini.

Ecco dove avevo sbagliato, per anni, per tutta la vita fino a quel viaggio in macchina: nel credere che il successo fosse qualcosa di grande. Davanti a quella scatolina, davanti agli occhi di Adrian, ho capito che il successo è un sassolino in cui trovare la luna.

Per quel che mi riguarda, ho avuto successo una o due volte in vita mia.

Quella che mi ricordo meglio di tutte è stata la prima, quando ero sotto un tendone, di fronte a circa quattrocento persone per presentare un mio libro e, alla fine della presentazione, una ragazza di quindici anni dal fondo del tendone ha alzato la mano.

«Scusi prof, io vorrei farle una domanda.»

Pensavo volesse chiedermi qualcosa del libro. E invece: «Sa, io non parlo più con mio papà da mesi, forse da anni. E non so come fare, perché io gli voglio bene, solo che ogni volta che provo a parlare con lui c'è qualcosa che mi blocca, ho la sensazione che lui non abbia voglia di ascoltarmi, e così alla fine non parliamo mai. Come devo fare?».

Mi ricordo di essere rimasto immobile per qualche secondo: quattrocento persone si aspettavano da me una risposta, qualcosa di illuminante. Solo che era come un'operazione chirurgica: si trattava del cuore di una ragazza di quindici anni e il rischio di dire qualcosa di scontato, o di eccessivo, era altissimo.

Poi però ho ascoltato quello che mi diceva il mio, di cuore, e le ho risposto: «Ok, a parlare non ci riesci. Però puoi scrivergli, forse. Forse puoi prendere un pezzo di carta e metterci sopra le cose che hai appena detto qui, davanti a tutti. Niente di più, niente di meno. Poi glielo dai e vedi cosa succede».

La risposta della ragazza è stata il classico «sì, sì» degli adolescenti, universalmente traducibile come: "Certo, come no, non lo farò mai neanche in mille vite".

Però qualche mese dopo quell'incontro mi ritrovo nella casella dei messaggi questo: *Sa prof, alla fine l'ho fatto. Gli ho scritto una lettera e gliel'ho lasciata sulla scrivania. Dopo un po' lui è venuto in camera mia, ha bussato e mi ha detto: «Ehi, ti va se andiamo di là a parlare un po'?»*.

Questa è stata la volta in cui davvero ho sentito di aver avuto successo. Con un libro, e poi con un paio di parole imbarazzate, aver dato una mano a una ragazza di quindici anni a parlare con suo papà. Una cosa da niente, piccolissima, ma che mi ha permesso di dare una mano a qualcuno.

Questo è stato il mio sassolino di luna.

7.
LA VECCHIA UNO E L'ALBERO DI NATALE
Gli errori che non si aggiustano

«E guidare come un pazzo a fari spenti nella notte
per vedere se poi è tanto difficile morire.»
LUCIO BATTISTI, *Emozioni*

Faceva freddo, quella sera. Una di quelle che è meglio chiudersi in casa, sotto le coperte. Dicembre, 29 dicembre. Ma io avevo vent'anni e a vent'anni se hai voglia di stare fuori non c'è nessun freddo che ti fermi. Così eccomi lì, in strada con la mia biciclettina, serata fuori con gli amici. La patente non ce l'avevo ancora, un po' perché costava troppo e un po' perché mi avevano appena bocciato all'esame di teoria. Serata allegra, qualche birra, anche più di qualche. E poi di nuovo a casa, pedalare dentro il freddo, verso le due. Ma chiusa la porta alle mie spalle, non so, c'era qualcosa che mi mancava. Mi sentivo ancora sveglio, non avevo voglia di andare a letto. Tornai fuori, da solo, a piedi, nel silenzio dell'inverno. È bello camminare da soli di notte, tutto ti sembra più pieno. Io di sicuro lo ero, ma non di alcol: ero pieno di qualcosa che mi era successo esattamente quattro giorni prima.

Una scena di pochi secondi, davanti all'albero di Natale. Qualcosa che mi ha cambiato per sempre.

Non ne avevo parlato con nessuno. Non avrei saputo che dire, del resto: come fai a raccontare a qualcuno l'istante in cui senti che qualcosa dentro di te muore? Voglio dire: è un fatto importante, ed è tremendamente difficile che chi ti sta di fronte capisca, custodisca il tuo segreto e lo tratti con la dovuta cura, senza fargli male.

Il nostro cuore è un posto molto grande, tante stanze, tutte spaziose, ma riservato a pochi ospiti. A quei pochi che sappiano starci dentro senza far rumore. Come in certe chiese, che quando ci entri ti viene subito da parlare sottovoce. Ecco, il nostro cuore è un posto da sottovoce.

Il mio lo era di sicuro, anche se avevo voglia di urlare quello che mi era successo, correre, spaccare cose, perché non era giusto, perché non doveva andare così, non doveva succedere.

Così trasformai quella mia voglia di urlare nella cosa più stupida, insensata, folle, sbagliata che abbia fatto in tutta la mia vita, la sera del 29 dicembre dei miei vent'anni.

A piedi in quella città vuota, un po' brillo, mi ritrovai di fronte a un carrozziere. Non c'era un cancello che chiudeva il parco macchine in riparazione, tanto erano scassate, chi si sarebbe mai sognato di prenderne una?

Forse nessuno, ma quel carrozziere avrebbe fatto meglio a porsela quella domanda.

Be', andò che, tanto per fare, entrai nel parcheggio deserto. Sempre tanto per fare, iniziai a vedere se qualche macchina era aperta.

No.

Chiusa.

No, neanche questa.

E poi.

Poi ne trovai una aperta. Una Fiat Uno, colore grigio scuro, orribile. Entrai, mi sedetti al posto del guidatore. Ricordo il silenzio irreale nell'abitacolo, nel cuore della notte. Il parabrezza incrostato di ghiaccio. Il freddo del volante. Iniziai a toccare qua e là, il cruscotto, i sedili, fino a che non misi mano al parasole sopra la mia testa e sentii qualcosa di freddo, metallico.

Erano le chiavi della macchina.

Ora, io non so di preciso cosa mi scattò dentro, quale pulsante, quale interruttore: fatto sta che inserii la chiave nell'accensione e lo feci. Diedi gas.

Il motore partì.

A quel punto, qualsiasi persona sana di mente avrebbe fatto un sorriso per la piccola bravata, avrebbe spento il motore e sarebbe tornato a casa, sperando di non aver svegliato nessuno, pronto per raccontare la mascalzonata agli amici al bar il giorno dopo. Evidentemente io non facevo parte di quei qualsiasi: quello che feci fu schiacciare la frizione, inserire la prima e partire, alla cieca, col parabrezza coperto di ghiaccio che mi faceva vedere sì e no il mondo a macchie, là fuori. Uscii dal parcheggio, dal vialetto e mi misi per strada.

Avevo vent'anni, niente patente (bocciato all'esame di teoria), alcol nel sangue e guidavo una macchina rubata.

Presi e andai, senza sapere dove. Era dicembre, c'ero solo io per strada. Mi ricordo la sensazione di stare facendo qualcosa di bello, di figo, di trasgressivo, qualcosa che avrei raccontato a tutti lasciandoli a bocca aperta. Mi sentivo onnipotente.

Avevo vent'anni, niente patente, alcol nel sangue e guidavo una macchina rubata.

Nella mia città c'era questo parcheggio dove si favoleggiava ci fossero le prostitute: io lì non ne avevo mai viste, forse un travestito un paio di volte, ma niente di che. Decisi comunque di andarci. Mi fermai a un bancomat per prelevare centomila lire. Tanto valeva suggellare l'impresa con qualcos'altro di folle, no? Peccato che, con quel gelo, non ci fosse nessuno di nessuno ed è lì che scoprii anche perché la vecchia Uno si trovava dal carrozziere da dove l'avevo rubata: il portellone era rotto. Una volta fermo mi accorsi che avevo fatto un tratto di strada, non so quanta, col portellone aperto perché una botta lo aveva piegato in due e non si chiudeva più bene. Così recuperai un nastro di plastica di quelli che i vigili urbani usano per delimitare gli spazi e lo usai per immobilizzarlo. Un lavoretto mica male, tutto sommato, perché non si aprì più.

Ormai ero lì, ero in ballo, e mancava ancora qualcosa alla mia impresa. Mica potevo tornarmene a casa, no? Sapevo di un posto, verso Udine. Un night club. Sarei andato lì, anche se distava circa trenta chilometri.

Avevo vent'anni, niente patente, alcol nel sangue e guidavo una macchina rubata.

Arrivai al night. Entrai. Avevo centomila lire in tasca. Non credo nemmeno di aver avuto voglia di fare chissà che, in fondo non ero il tipo, però evidentemente nel mio cervello quella era la cosa più trasgressiva che potessi fare. Così la feci. Andai al banco e subito mi si avvicinarono tre ragazze alte, altissime, con questi seni che mi guardavano negli occhi.

Una di loro mi disse: «Beviamo qualcosa?».

Io pensai: "Be', che c'è di male, si può fare!". Ordinai quattro bicchieri di vino. Loro mi stavano vicine, molto vicine. Io mi sentivo strano, facevo battute senza senso e loro ridevano anche se qualcosa mi diceva che non era perché fossi spiritoso. Finirono il prosecco in due minuti e poi si staccarono da me, dileguandosi. Prima ce le avevo addosso, un secondo dopo erano sparite.

"Be', che succede?" pensai.

Il barista richiamò la mia attenzione. Non sorrideva, non era serio, era solo impassibile. Mi passò un foglietto. Io pensai: sarà il numero di qualche stanza dove le ragazze mi aspettano o qualcosa del genere?

No, era il conto. Centoventimila lire.

Io risi, pensai a una battuta.

«Centoventimila lire per quattro prosecchi?»

Il barista mi guardò, sempre impassibile. Era il suo modo di dirmi sì. A quel punto capii che non era uno scherzo, e avanzai una protesta. Io, dall'alto dei miei vent'anni, con una macchina rubata nel parcheggio, dissi: «No, centoventimila lire per quattro prosecchi non si può!».

Neanche il tempo di finire la frase, alle mie spalle si materializzò una specie di TIR, solo con le sopracciglia. Era il buttafuori.

«Ci sono problemi?» chiese al barista.

Non a me, al barista.

In effetti i problemi c'erano, perché se avessi insistito con la politica della protesta sarebbe partita una chiamata ai carabinieri che, in tre secondi netti, avrebbero scoperto il mio segreto e mi avrebbero fatto finire la serata in caserma e passare la notte in prigione. Così optai per la politica della supplica.

«No, è che io non sapevo che costassero così tanto quei prosecchi, e in tasca ho solo centomila lire!»

Misi la banconota sul bancone.

Lo sguardo del barista si tramutò da impassibile in qualcosa di non definibile, una via di mezzo fra il sardonico e il sadico. Feci la mossa di cercare in tasca se avevo altro, ma il mio "altro" erano un paio di monete da duecento lire. Le tirai fuori e appoggiai anche quelle sul bancone, una alla volta, sperando che come per magia nella tasca se ne materializzassero abbastanza da farmi saldare il debito. Il TIR con le sopracciglia invece stava già inspirando più profondamente, pronto a mettere la prima e passarmi sopra come un autoarticolato su una lumaca in autostrada.

Se prima ero nei guai, adesso ero ufficialmente nella merda.

Passarono circa dieci secondi durante i quali, sentendomi addosso il loro sguardo, stavo già valutando le possibili vie di fuga nella campagna, di notte, a piedi, quando il barista appoggiò la mano sulla banconota come se dovesse schiacciare una mosca e la fece sparire in un attimo.

Poi disse: «E ora fuori di qui!».

Guadagnai la porta più velocemente di quanto avessi percorso tutta la strada per arrivare fino a lì. Dai divani al centro del locale mi arrivò un ciao con la manina da parte di una delle stangone che aveva ingerito il prosecco da trentamila lire in trenta secondi netti. Era solo un gesto, ma in sovrimpressione passavano chiare le parole che sottintendeva, precisamente queste: "Un fesso così non si vedeva da anni!".

Adesso ero in strada. Erano le quattro del mattino, o giù di lì. Senza soldi in tasca. La sferzata di freddo fu come una piccola sveglia, un breve istante di lucidità.

Che. Cosa. Cavolo. Avevo. Appena. Fatto.

Volevo il mio letto. Chiudere gli occhi e svegliarmi a mezzogiorno.

Dovevo tornare a casa. Lasciare quella macchina da qualche parte.

Avevo vent'anni, niente patente, alcol nel sangue e guidavo una macchina rubata.

Non so come, non so perché, non so quale angelo custode mi abbia protetto. Se mai esistono, io evidentemente ne devo avere avuto uno, perché solo durante quel tragitto surreale alle quattro del mattino mi resi conto che se avessi trovato una pattuglia per strada sarei finito in un guaio molto più grande della somma di tutti quelli che avevo combinato in vita mia.

Eppure ce la feci. Tornai senza essere visto né fermato, con quella macchina scassata tenuta insieme col nastro di plastica. La parcheggiai davanti al carrozziere, rimisi le chiavi dove le avevo prese e me ne andai a letto.

Ma perché? Perché avevo fatto una cosa così stupida? Non lo sapevo. Dentro mi restava il senso di avere sfidato qualcuno e di aver vinto. Solo non mi rendevo conto che la sfida era contro il rischio di essere infelice per sempre e che se avevo vinto era stato per pura fortuna. Che se avevo fatto tutto quello che avevo fatto, era stato solo perché qualcosa che mi stava mangiando dentro mi faceva male, e non avevo voluto dirlo a nessuno. Che se ero finito in strada di notte, ubriaco e con una macchina rubata, era stato perché avevo un buco gigante dalle parti del cuore e pensavo di poterlo riempire così. Un buco che si era formato quattro giorni prima, quando era successo quello che era successo.

Ricordo le luci dell'albero di Natale. Era la vigilia, c'era un sacco di carta per terra, i regali aperti, i fiocchi ancora in giro. Ormai erano andati tutti a dormire, eravamo rimasti solo io e lei.

Non mi va di spiegare chi fosse questa *lei* o cosa ci facesse lì. Quello che posso dire è che era la persona più importante di tutte, per me. Come un genitore senza esserlo: mi aveva sempre protetto, consigliato, amato. Senza di lei, io non sarei io. A un certo punto mi guardò e disse: «Enrico, io mi uccido».

Lei era tutte le mie certezze, era la fiducia in me stesso, lei era la mia voglia di spaccare il mondo, era quella da cui andavo quando tutto girava male, era il mio porto sicuro. E mi disse: «Enrico, io mi uccido».

Non stava bene – lo scoprimmo dopo –, le si era rotto

qualcosa dentro e ogni tanto non era più lei, ma la sicurezza con cui pronunciò quella frase, la tranquillità... lo sentii chiaro e distinto il rumore dei vetri, sì: sentii il rumore di una vetrata che va in frantumi e di migliaia di piccoli frammenti per terra. E io ero ciascuno di quei frammenti, ero finito in mille pezzi sul pavimento sentendo quelle parole che subito, all'istante, vissi come un tradimento. Era così che mi sentivo: *tradito.*

No, non tu, tu non puoi dire questo, tu non puoi farmi questo, tu sei la mia roccia, tu non puoi darmi un dolore così grande.

«Enrico, io mi uccido.»

Questa è la parte che pochi ammettono o a cui pochi pensano, ma è esattamente così che ti senti quando qualcuno a cui vuoi bene decide di togliersi la vita: tradito. Non posso neanche immaginare come si possa stare per arrivare anche solo a pensarlo, che paese devastato debba essere il cuore per prendere una decisione del genere, ma quando ricordo i suoi occhi tranquilli, mentre mi diceva di volersi uccidere, non posso non chiedermi se ci pensano mai, loro, al dolore che si lasciano dietro, a quanto ne seminano, alla luce di cui privano il mondo quando decidono di togliersi la vita, a come possono spegnere i giorni degli altri. Perché i miei giorni si spensero lì. Una parte di me credo si sia spenta per sempre davanti alle lucine di quell'albero di Natale, perché so che prima ero una cosa e dopo un'altra, e pezzi del mio sorriso che prima c'erano, oggi non ci sono più.

No, alla fine quella persona non si è uccisa. Almeno non nel modo in cui noi siamo abituati a pensarlo. Di sicuro non è più stata la stessa, ma la colpa non era sua, bensì del male che aveva dentro.

Non gliene faccio una colpa e non lo farò mai, anche se ammetto di averla odiata con tutto me stesso in quei giorni.

Quello che so è che quella notte si è aperto un buco dentro di me e io sono stato così stupido da pensare di poterlo colmare da solo. Di potercela fare da solo. Di non dirlo a nessuno, mai, tanto che ne ho parlato per la prima volta solo vent'anni dopo.

Ecco cosa stavo facendo quella notte, al volante di una

macchina rubata. Ecco perché lo avevo fatto: per provare a riempire quel buco.

C'è solo un piccolo dettaglio. Se quella sera mi avessero fermato, mi avrebbero arrestato. Se mi avessero arrestato, la mia fedina penale sarebbe stata segnata per sempre. Se fosse successo, non avrei mai potuto insegnare, perché in Italia non è permesso fare l'insegnante se si sono commessi dei reati. La cazzata che avevo fatto e che mi faceva sentire così figo poteva compromettere per sempre la mia vita.

Ci sono errori che si riparano ed errori che non si possono riparare: quello poteva essere un errore di quelli irreparabili. E commesso perché? Perché stavo male. Per colpa di un buco che avevo dentro.

Il male non è qualcosa che sta fermo lì, zitto. Il male ha bisogno di parlare, di uscire. Le possibilità sono due: o fai in modo di dargli una voce, o la voce se la troverà lui. E se lo farà non ti piacerà. Se non lo affronti, se non lo trasformi, se non ci fai i conti, se non lo guardi in faccia, lui non sparisce né si scioglie. Dopo un po', esplode. Dopo un giorno, un mese, un anno, non importa. Ma esplode, e quando esplode manda tutto in frantumi. A volte per sempre.

Questa è stata la cosa più stupida che ho fatto in vita mia, e l'ho fatta perché volevo sconfiggere il mio male senza l'aiuto di nessuno. Volevo farlo nascondendolo dentro di me.

In qualche modo però sarò sempre grato a questo sbaglio, o meglio al fatto che mi sia andata bene, perché mi ha lasciato un insegnamento che porto sempre qui con me: mi ha insegnato che farcela da soli è bello, ma ci sono cose che non si possono superare da soli, neanche con tutta la forza del mondo.

Mi ha insegnato che a volte va bene nascondere il dolore nei recessi del nostro cuore, ma se vogliamo che il cuore non si ammali, qualcuno, prima o poi, lì dentro lo dobbiamo far entrare.

Mi ha insegnato che ci sono istanti in cui tutti sentiamo il bisogno insopprimibile di farci del male, e che è un errore puntare troppo il dito contro chi fa cose stupide come e peggio della mia in un momento di follia.

Mi ha insegnato che là fuori è pieno di ragazzi che hanno anche loro un buco dentro, e che prima di giudicare, prima di credere di sapere, di farne loro una colpa se buttano via la vita, è importante che io mi ricordi sempre che una sera, a vent'anni, io ho provato a buttare via la mia.

8.
VIVI E IMPERFETTI
L'errore di essere perfetti

«Alle volte uno si crede incompleto ed è soltanto giovane.»
ITALO CALVINO, *Il visconte dimezzato*

Oggi era giorno d'interrogazione. Per la precisione la prima interrogazione della prima media. Roba tosta insomma.

Ok, *interrogazione* è una parola un po' grossa: è più che altro una chiacchierata, io chiedo che cosa vedono dalla finestra della loro camera, o da quella della classe, come si chiama quel tipo di paesaggio, di quali ambienti è caratteristico eccetera. Insomma mi interessa sapere che cosa hanno capito fino adesso in geografia, se sanno usare le parole giuste, se sanno fare collegamenti fra il libro e il mondo che i loro occhi incontrano ogni giorno.

In ogni caso è pur sempre vissuta come la prima prova importante, per cui c'è grande tensione nell'aria. Dopo un paio di ragazzi andati così così, mi si siede di fronte lei. Quella "brava". Quella che non sbaglia un colpo. Lei.

Per capire il livello: è una che a undici anni sa già cosa vuole fare da grande. E come se non bastasse, quella cosa è insegnare. Quando me l'ha detto per poco non mi mettevo a piangere, perché è sempre commovente quando uno studente ti dice una cosa del genere. Non so perché, ma ti fa sembrare che ci sia ancora speranza. O forse mi regala l'illusione che non proprio tutti ci vedano come dei vecchi dinosauri che non sanno godersi la vita e il cui unico piacere è torturare gli studenti.

Ascoltarla è un incanto: risponde a ogni domanda con grande precisione, termini tecnici pressoché perfetti, un po' ansiosa, certo, ma chi non è ansioso alla prima interrogazione della prima. Quando la chiacchierata finisce, le chiedo secondo lei com'è andata e che valutazione si darebbe. È solo un proforma, figuriamoci, è stata semplicemente perfetta, cosa c'è da dire… il massimo in tutto. Lei invece mi guarda e, con grande imbarazzo, quasi con senso di colpa, a tutte le voci si assegna un "posso fare di meglio".

«Come scusa? Hai risposto a tutto!»

«Sì lo so, ma io so che posso fare di meglio.»

Ha l'aria insoddisfatta. No, non insoddisfatta: *dispiaciuta.*

«Meglio di così?!»

«Sì, prof.»

«E se io invece ti dicessi che secondo me hai fatto il massimo?»

Lei sorride, penso che mi stia per dare finalmente ragione, e poi dice: «Però io penso che potrei fare di meglio».

Io la guardo. Lei mi guarda. Sì, è sincera, non lo sta dicendo per farmi contento.

C'è qualcosa in quel dispiacere che mi parla. Ancora non so cosa sia, ma sento che questa ragazzina di undici anni, senza saperlo, sta cercando di insegnarmi qualcosa di molto importante. In quel suo sentirsi imperfetta anche dopo un'interrogazione perfetta, c'è tutto quel che c'è da sapere su cosa bisogna fare, come bisogna essere, quando si sta inseguendo un sogno.

La parola perfetto

Una delle cose che possono complicare di più la vita scolastica di un ragazzo o di una ragazza è la cosiddetta *ansia da perfezione*: qualcosa di molto diverso dal perfezionismo, che è la cura maniacale dei dettagli che caratterizza alcuni grandi artisti, come per esempio Stanley Kubrick o Michelangelo. No, l'ansia da perfezione è una specie di ibrido fra perfezionismo e ansia da prestazione, una sorta di inganno che a volte i ragazzi mettono in piedi a proprio danno: *quello che ho fatto fa schifo, perché non è perfetto.*

Quante volte li ho visti stracciare fogli, buttare via con rabbia testi, poesie, esercizi, solo perché da qualche parte c'era un piccolo errore, per poi convincersi di non essere capaci, di essere delle schiappe, e quindi passare direttamente dal piccolo errore alla rinuncia. Una bella X sopra: io questa cosa non la so fare, punto! Questo non perché quella cosa non la sappiano fare davvero, ma perché da qualche parte c'è una piccola imprecisione o un errore del tutto rimediabile.

Già: ma un conto è un foglio stracciato quando hai undici anni, un conto è quando sei già grande.

Se ci convinciamo di essere negati per qualcosa quando siamo piccoli, può essere un danno irreversibile. Quanti per esempio fin da bambini si sono convinti che "la matematica non sarà mai il mio forte"? Quanti hanno fatto lo stesso pensiero sul disegno, la scrittura o la musica? Avevano tutti ragione? Erano tutti davvero negati per quelle discipline?

No: ognuno di noi è portato naturalmente per alcuni campi del sapere o dell'arte, ma questo non significa essere necessariamente incapaci negli altri. Anzi, il nostro rifiuto verso una materia scolastica spesso non nasce da una vera incapacità, ma dalla paura del fallimento o da un approccio sbagliato, come dimostrano gli studi di Maria Montessori sul rapporto fra i bambini e la matematica. Basta cambiare il modo in cui viene insegnata, adattandola meglio all'architettura del nostro cervello, che il bambino può non solo scoprire di essere in grado di comprenderla, ma anche di avere una naturale inclinazione verso la materia.

Come la mettiamo allora?

La mettiamo che dovremmo insegnare ai ragazzi e alle ragazze i pericoli nascosti nella parola *perfezione*.

Perfezione viene dal verbo latino *perficio*: un verbo che significa "compiere, completare, finire, fare completamente". *Perfectum* è il participio perfetto, appunto, che vuol dire "fatto, compiuto, concluso", nel senso proprio di "chiuso con".

La migliore immagine della perfezione è quella del cerchio che si chiude, della circonferenza in cui l'ultimo punto tocca il primo e la rende, appunto, perfetta.

L'inganno della perfezione è tutto qui: noi vi aspiriamo molto spesso, ignorando quanto "perfetto" sia sinonimo di "finito" e quindi inerte, immobile, terminato. Il problema quindi non è tanto nell'impossibilità della perfezione, quanto nel fatto che essa sia perdita di vitalità: è immutabilità, vita che si ferma, che non corre più da nessuna parte, che non ha più nulla da cercare e quindi da desiderare.

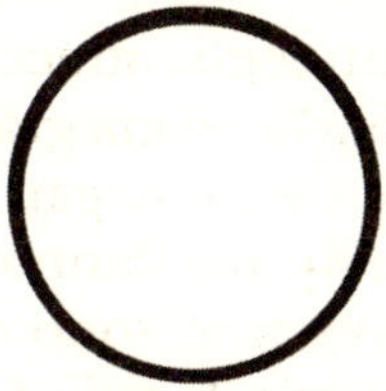

Guardiamo invece che sensazione ci dà questo disegno:

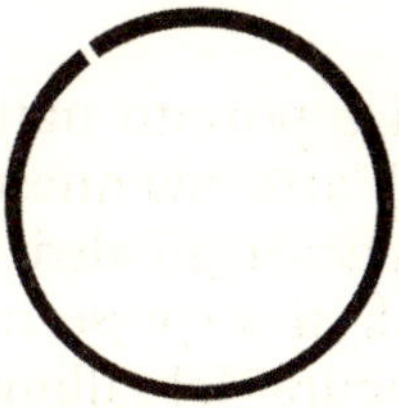

Ad alcuni – i perfezionisti – potrebbe creare un moto di fastidio con annesso insopprimibile impulso a impugnare una penna e chiudere il cerchio. Altri però potrebbero vederci il disegno di un abbraccio. Ad altri ancora farà venire in mente domande tipo: «Ma che cosa significa quel pezzo mancante? Che cosa mi sta dicendo questo disegno?». Altri, infine, potrebbero pensare che è un bel disegno, una figura esteticamente interessante o, viceversa, un disegno "brutto".

Quello che è certo è che il secondo disegno smuove in noi emozioni molto più forti e contrastanti: richiama la nostra attenzione, il nostro interesse, suscita domande. Nella sua imperfezione, è molto più *vivo*.

Il bacio di Amore e Psiche

Amore e Psiche è un gruppo marmoreo realizzato dallo scultore italiano Antonio Canova tra il 1787 e il 1793, conservato presso il museo del Louvre di Parigi. Raffigura i due personaggi della famosa favola che Lucio Apuleio, autore latino del II secolo d.C., incluse nel suo capolavoro, *L'asino d'oro o Le metamorfosi.* Lo scultore prende in esame proprio l'istante in cui Amore risveglia Psiche dal sonno eterno indotto da Proserpina.

Certo, è una delle opere più famose di Canova, ammirata ogni anno da milioni di turisti, ma che cosa c'è di così seducente in questa scultura che, da più di due secoli, attira così tanti sguardi?

Sicuramente lo splendore della composizione, in bilico tra neoclassicismo e reminiscenze barocche, oltre alla preziosità dei dettagli e molti altri aspetti che ne hanno fatto un'opera unica. Ma c'è un elemento che rende viva la fissità del marmo, qualcosa in movimento costante, come se da oltre due secoli quei corpi scolpiti si stessero in realtà *muovendo.* Ed è che quel bacio non si chiude.

Fra le labbra dei due amanti corrono pochi centimetri: una distanza che, seppur minima, rende il loro bacio simile a quel cerchio che non si chiudeva.

E noi, noi tutti siamo lì, in quei pochi centimetri, perché siamo esattamente lo spazio in cui nasce il desiderio, l'incompletezza che chiede di essere completata, il vuoto che

chiede di essere colmato. In quei pochi centimetri c'è tutto il viaggio fra ciò che siamo e ciò che vorremmo essere. Siamo tutti cerchi imperfetti alla ricerca del pezzettino che ci manca: ciò che ci tiene vivi è proprio quella mancanza, ciò che ci salva dall'essere finiti è proprio quell'imperfezione, quel continuo bisogno di chiudere il cerchio.

Noi non siamo arrivi, siamo viaggi; non siamo sazietà, siamo fame. Noi siamo desiderio.

Quando sono a casa ripenso a quella ragazza, la futura insegnante, alla sua interrogazione perfetta e a quel suo sentirsi comunque imperfetta. Non negata, non incapace. Imperfetta. E capisco che alla fine oggi è lei che ha insegnato a me, e non viceversa.

Senza accorgersene, mi ha ricordato come funzionano i bravi, ma quelli bravi davvero: non si accorgono quasi mai di quanto bravi sono, e pensano sempre di non esserlo abbastanza. Di essere a un passo dalla perfezione.

Senza saperlo, mi ha mostrato che la vera perfezione è sentirsi sempre un cerchio che non si è ancora chiuso, labbra protese le une verso le altre, esattamente un attimo prima che diventino bacio.

Sentirsi incompleti ed essere soltanto umani

C'è una cosa che mi verrebbe da dire a tutte le ragazze e i ragazzi che sono preda di quest'ansia di perfezione che li blocca o li fa sentire incapaci e negati solo perché non raggiungono un ideale che non esiste. Tutti quelli che ho conosciuto e che conoscerò, eternamente preoccupati perché non "funzionano" bene, perché si guardano allo specchio e si vedono sbagliati, fuori posto, inferiori. Non vanno al passo degli altri e credono di essere fuori tempo, in costante ritardo all'appuntamento con il mondo. Calvino direbbe che si sentono incompleti e sono soltanto giovani, ma io cambierei il pezzettino finale di quella frase e scriverei: si sentono incompleti e sono soltanto umani. Perché anche se in modo diverso siamo tutti così.

Per cui vorrei tanto dirglielo, di non preoccuparsi, o meglio: di scegliere bene le cose di cui preoccuparsi.

Non preoccupatevi se a sedici anni andate male a scuola. Preoccupatevi se ci andate senza nemmeno sapere perché.

Non preoccupatevi se avete amici che sanno già che cosa faranno dopo, mentre voi no. Preoccupatevi quando è qualcun altro a decidere per voi.

Non preoccupatevi se siete gli unici della compagnia a non avere una ragazza o un ragazzo. Preoccupatevi se ce l'avete solo per non sentirvi soli o per poter postare selfie in cui fate finta di essere felici.

Non preoccupatevi se il domani vi fa paura. Preoccupatevi se non ve ne fa.

Non preoccupatevi se fate un sacco di errori: con gli amici, con i genitori, con tutti. Preoccupatevi se vi sembra di non farne mai.

Non preoccupatevi se non ci capite niente. Preoccupatevi se alla vostra età vi sembra di aver capito tutto. Anzi, preoccupatevi *a qualsiasi età*, se vi sembra di aver capito tutto.

Non preoccupatevi se ci sono momenti in cui vi sembra che tutto faccia schifo, voi compresi. Essere adolescenti vuol dire anche quella roba lì.

Non preoccupatevi se credete di essere gli unici ad avere questi pensieri, perché non è così. La maggior parte di quelli che vi sembrano forti, sicuri di sé, senza problemi, sempre felici, sono solo persone che hanno imparato a fingere meglio di voi. O, ancora più semplicemente, persone molto meno interessanti di voi.

Non preoccupatevi se vi sembra che l'adolescenza non sia tutta questa festa come vi dicono dovrebbe essere. Se, in giro, sentite gente che vi dice che l'adolescenza è l'età più bella della vita, che dovete solo pensare a godervela. Sappiate che mente.

Non preoccupatevi se non siete felici. Preoccupatevi se non siete mai tristi.

Non preoccupatevi se non vi sentite mai nel posto giusto. Preoccupatevi se non sapete riconoscere quando siete nel posto sbagliato.

Non preoccupatevi se non vi sentite liberi di dire ciò che volete. Preoccupatevi quando non avete più niente da dire.

E, infine, non preoccupatevi se non siete perfettamente quello che vorreste essere, perché la parola *perfetto* significa in realtà concluso, chiuso, finito.

Non preoccupatevi, quindi, se non vi sentite perfetti: perché se non siete perfetti significa, semplicemente, che non siete finiti.

Se non siete perfetti significa che siete ancora vivi.

9.
DOPO LA VIRGOLA, NIENTE «E»
Gli errori che impari da piccolo

«Verrai ricordato per le regole che hai infranto.»
GENERALE DOUGLAS MACARTHUR

Questa mi succede ogni volta che ho una prima.

Dopo massimo un paio di settimane, mi capita di scrivere alla lavagna qualcosa, una frase, un esercizio, e di scrivere «sé stesso». Con l'accento, intendo.

Mani che si levano al cielo. Proteste. Sguardi dubbiosi.

«Ma prof, su *sé stesso* l'accento non ci va!» mi dicono, come un ritornello.

Lì è dura spiegare che la regola dell'accento su «sé stesso» in realtà non è una regola, ma una convenzione che ha preso piede nel tempo e che, chissà perché, si è trasformata nella mente di molti in una specie di dogma tipo trinità divina o "mai la carbonara con la panna". Chiunque mastichi la disciplina sa bene che non è errore metterlo, anzi: come ha spiegato un'autorità in materia, il linguista Luca Serianni, per quanto non sia scorretto scriverlo senza, è da considerarsi più ragionevole preferire la grafia *con* l'accento. Ma i ragazzi insorgono quando lo vedono, e non solo loro: evidentemente va a toccare una certezza che si è consolidata nella loro testa, piombata lì nella preistoria della loro crescita intellettuale e trasformatasi in un fossile inscalfibile.

Senza contare le volte in cui quel fossile, magari, è proprio un errore sesquipedale. E qui parlo per esperienza personale: la mia mitica maestra delle elementari, la maestra Maria – una santa donna per molti motivi – un giorno mi insegnò una cosa sbagliata e, da quel giorno, la mia vita è un po' più complicata.

«Maestra, come si scrive *ce n'è*?» le chiesi. «Cioè, il *ce* va con l'apostrofo e l'accento, o con niente?»

Allora lei scrisse alla lavagna questo orrore:

C'È N'È

Non l'avesse mai fatto. Ancora oggi, una laurea in lettere, una specializzazione più qualche libro pubblicato dopo, quando devo scrivere "ce n'è" sono sempre lì che mi chiedo come lo devo fare. Non c'è verso: conosco a menadito la regola dell'elisione, so che *ce* è una particella pronominale e non un verbo, so tutto quel che c'è da sapere, ma ogni santa volta ci metto quella frazione di secondo in più a scriverla. Non ci posso fare niente, mi sorge sempre il dubbio: forse ci va l'apostrofo? Aspetta, com'è che si scriveva?

Lo confesso: più di qualche volta sono tornato su Google a controllare di aver scritto giusto. Una volta, per la fretta, l'ho scritto sbagliato nella dedica di un libro. Ho ancora gli incubi di notte, mi sogno il ministro che viene a casa mia in persona a bruciare il mio contratto, alla fine mi sveglio tutto sudato e mi riaddormento abbracciando il vocabolario.

Voglio e vorrò sempre bene alla mia maestra, che fu una delle prime a incoraggiarmi a scrivere, ma quel regalino alla lavagna purtroppo me lo porterò dentro finché campo, perché così funziona con gli errori che impariamo a fare da piccoli. Il problema è che sono i più difficili da correggere.

Non lo dico tanto per dire, ma perché è anche questa una cosa che mi capita ogni volta che ho una prima classe e magari fra i miei nuovi studenti c'è qualcuno convinto che una parola si scriva in un certo modo – proprio come io ero sicuro che la grafia corretta fosse *c'è n'è* (mi credete se vi dico che anche a scriverlo adesso non sono del tutto sicuro che sia sbagliato? Qui serve l'aiuto di uno bravo).

Comunque: mi arriva uno studente, o una studentessa con la convinzione che lì l'accento non ci vada, che quella parola non abbia doppie, cose così.

«Prof, io l'ho sempre scritta così e nessuno mi ha mai corretto!» dice.

Tu ci provi a insegnarglielo, come si scrive, esercizi su

esercizi, lui ti guarda e ti dice: «Ok prof, ho capito», ma poi si distrae un attimo e, *tac*, quella parola la riscrive sbagliata. Ci vuole un sacco di tempo a togliergli dalla testa quell'errore, anni. E stai sicuro che comunque, all'esame di terza, quando proprio credevi di essertene liberato, quell'errore lo ritroverai lì, bello grande, nel tema.

Ma perché ci succede?

Dopo la virgola, niente «e»

È da una vita che la sento. «Dopo la virgola, niente *e* congiunzione.»

Ce lo insegnano alle elementari e anche questo è uno dei punti fermi che ti danno fin da subito, insieme al nostro amico «sé stesso» e a «chi e che con l'acca, si leggon come kappa».

«Mi raccomando, dopo la virgola mai mettere la *e* congiunzione», ti dicono e dentro questa fissità si cela l'ostinazione a credere che quella della *e* e della virgola sia davvero una regola, che si possa fare solo così. Nascosto in questa ostinazione invincibile, in questo considerare errore ciò che errore non è, se guardi bene, ci trovi un grande perché: *perché è difficile cambiare idea.*

Anni fa scrissi un libro per una piccola casa editrice. Ci lavorammo su: bozze, editing, correzioni. Alla fine lo consegnai all'editore. Una sera lui mi chiamò: erano arrivate le copie dalla tipografia. Andai lì, tutto emozionato, sfogliai le pagine. Dopo l'entusiasmo iniziale, però, qualcosa mi balzò agli occhi: in una frase, vidi che mi aveva tolto una virgola prima della e. Ero sicuro di avercela messa, quella virgola: pensai a un caso, a una svista, però poi controllai meglio le altre pagine.

Non ci potevo credere: aveva tolto *tutte* le virgole prima della *e*. Nessuna esclusa, indiscriminatamente: c'era addirittura qualche frase che si ritrovò col senso del tutto stravolto, per colpa di quelle correzioni.

Chiesi spiegazioni.

«Eh, ho dovuto farlo», disse.

Io lo guardai perplesso: «Perché?».

«Come perché? È sbagliato!» rispose.

Ora, io non so come andarono le cose davvero, era il mio primo libro, avevo ventisette anni, può anche essere che nell'ultima bozza lui mi avesse fatto vedere quella versione, quella con tutte le virgole trucidate, e io non me ne fossi accorto, quindi probabilmente fu colpa mia se arrivò in stampa con quella correzione a tappeto. Il punto era che una regola sbagliata si era radicata così profondamente nella testa di quell'editor da farglielo fare senza troppi dubbi esistenziali.

Non importava se la *e* dopo la virgola la usavano Manzoni, Leopardi e autori molto più importanti di me; non importava se la *e*, a seconda di come la usi, può anche voler dire "poi", "anche", "inoltre". Chi aveva corretto le mie bozze era convinto fosse sbagliato, e quindi era sbagliato.

Il nostro insopprimibile bisogno di certezze

Quando siamo molto piccoli è come un mare in costante tempesta: tutto è nuovo, tutto ci sorprende. Se da un lato può essere entusiasmante, è anche spaventoso: per questo abbiamo fame di certezze, di zattere a cui aggrapparci per non farci travolgere. Quando abbiamo la fortuna di trovarne una, non ci stacchiamo più e ci rimaniamo sopra tutta la vita. Da bambini addirittura non ci interessa nemmeno tanto che una certezza corrisponda a una verità: ci basta che funzioni, che sia stabile. Che sia qualcosa che possiamo mettere lì e poi ritrovare quando ci serve.

Ecco perché ci affezioniamo a quelle certezze, ed ecco perché possono diventare pericolose quando sono zattere rotte: perché, strano a dirsi, quando siamo grandi a volte restiamo aggrappati a esse anche quando vediamo che ci stanno facendo colare a picco.

Se fosse solo una questione di grammatica, accenti o virgole, non sarebbe un problema così grande, con gli errori che impari a fare da piccolo, basta un po' di esercizio e magari lo sbaglio se ne va: forse il dubbio ti rimane, ma alla fine impari a scriverlo giusto. Il problema diventa un guaio quando non è più una faccenda solo di grammatica, gli errori escono dal quaderno ed entrano nella tua vita, sia che siano veri errori come il mio *c'è n'è*, sia che siano cose che credevi fossero errori e invece erano giustissime, come *sé stesso* o la virgola prima della *e*.

È per questo che è così importante quello che fa un insegnante, ogni giorno, anzi ogni ora di ogni giorno, anzi ogni minuto di ogni ora di ogni giorno. Perché una singola idea sbagliata, seminata in un cervello giovane, poi sarà radice e tronco nella mente di un adulto. E a quel punto potrebbe essere molto difficile, se non impossibile, estirparla.

Quello che dovremmo sempre ricordarci di insegnare, forse, è che ogni regola può essere messa in discussione e che perfino gli insegnanti possono sbagliare, e sbagliare alla grande, come il prof di lettere a cui ogni tanto scapperebbe un *c'è n'è*.

Ma insegnare il dubbio è molto più difficile che insegnare la certezza. Educare a fare domande, molto più complicato che dare risposte.

Ecco perché poi è così faticoso cambiare, sviluppare idee nuove, guardare le cose da un altro lato, stravolgere le regole: perché non appena ci provi devi sempre camminare contro un vento di persone che fanno no con la testa. Appena fai qualcosa di diverso da come loro credono si debba fare, si alza subito un coro di voci che dice: dopo la virgola, niente *e*.

Peccato solo che la grammatica ha in comune questo, con la vita: essere così bella per le sue regole sì, ma soprattutto per le sue eccezioni.

10.
COME KAFKA, MA VIA WHATSAPP
L'errore di fingersi felici

> «Ora mi godo il periodo tra la bugia e il momento che verrà scoperta. D'eh, hi hi ho!»
>
> HOMER SIMPSON

Da un paio di settimane, la mia padrona di casa mi aveva detto che era ora di sloggiare. Vivevo in quell'appartamento da dieci anni, affitto pagato quasi regolarmente, ma adesso ci si voleva trasferire lei col suo compagno.

«Quindi, be', non che ci sia fretta», disse, «ma entro l'anno sarebbe meglio che fosse libero.»

Era novembre.

A quel punto c'erano due strade: trovare un altro posto in affitto, oppure fare il grande passo: comprare casa. Due parole che per la mentalità della mia famiglia difficilmente potevano coesistere nella stessa frase, dato che non era mai stata contemplata l'idea di avere i mezzi per comprarne una. In effetti il mio conto era lì che mi guardava malinconico, me lo potevo sognare di poterci tirare fuori l'anticipo per un mutuo. Però io ero un dipendente pubblico ed ero appena stato assunto in ruolo: qualche banca mi avrebbe dato ascolto, no?

Ancora non potevo sapere che la risposta sarebbe stata sempre la stessa e cioè non solo «no», ma un no accompagnato da quel sorriso inconfondibile il cui significato sotteso è: "Sta scherzando, vero?".

Così capii che se volevo fare quel passo mi serviva un aiuto, giusto qualche migliaio di euro, forse anche solo due. E feci una cosa che non avevo mai fatto in trentasette anni di vita: chiedere un prestito a mio padre.

Lui non lo sentivo quasi mai. Era alle Canarie da quasi quindici anni. Ero stato a trovarlo, sì, qualche volta, ma non avevamo mai avuto un normale rapporto tra padre e figlio, sempre che ne esista uno. Ci sentivamo una volta ogni paio di mesi, brevi telefonate, i suoi messaggi di auguri per il compleanno un mese dopo o un mese prima della data giusta, il mio non saper mai cosa dire quando mi chiamava. Però ero alle strette, avevo solo due mesi per andarmene e non volevo andare in affitto da qualche parte: non avevo intenzione di ritrovarmi a quarant'anni a vivere in un monolocale ammobiliato senza lasciare niente ai miei figli. Ok, c'era il piccolo dettaglio che non avevo figli: ma sentivo che se avessi proseguito il mio viaggio su quel treno, la destinazione sarebbe stata una città che si chiamava Vecchio Prof Zitello e Triste. Così presi il coraggio e gli scrissi chiedendogli se poteva darmi una mano. Ero abbastanza sicuro che, vista la posta in gioco – aiutare suo figlio a mettere finalmente su casa, dare il proprio contributo affinché fossi il primo della famiglia a fare le cose sul serio – mi avrebbe detto un secco sì, senza pensarci un attimo. Avrei fatto sacrifici, ma gli avrei restituito tutto in un paio d'anni al massimo.

Inviai. Aspettai la risposta. Arrivò, quasi subito.

Mi ricordo che rimasi a fissare lo schermo per un sacco di tempo. Non riuscivo a credere che mi avesse scritto così: no, mi aveva detto di no.

Ho qualcosa da parte, ma non te li do.

Lo chiamai. E fu una chiamata stranissima, perché mi diede l'impressione di aver fatto una richiesta assurda, senza senso. Mi disse che era uno sbaglio prendere casa, che dovevo cercarmi di nuovo una soluzione in affitto, che era una stupidaggine fare quel salto. Se poi non ce la facevo a pagarla? Avrei dovuto lasciare la casa alla banca e quindi buttare via tutti i soldi, non mi sarebbe rimasto niente, disse, e lì per lì riuscì anche a farmela sembrare un'idea sensata, salvo poi rendermi conto – solo *giorni* dopo quella telefonata – che era una sciocchezza gigantesca, perché anche se fossi rimasto in affitto il risultato sarebbe stato comunque lo stesso: non mi sarebbe rimasto niente.

Mi disse che lui era vecchio, che era lontano dall'Italia,

doveva tenersi dei soldi lì, per sicurezza, ed era anche un'obiezione giusta, ma poi aggiunse una frase che mi tolse qualsiasi forza di replicare: *Perché li vieni a chiedere a me?*

Lo aveva detto davvero? Sul serio considerava assurda quella richiesta, veramente gli sembrava fuori dall'orizzonte delle cose che un figlio potesse rivolgersi al padre in un momento di difficoltà?

Ero arrabbiato, deluso, avvilito e non riuscivo a capire quale di queste emozioni avesse la precedenza; seduto al tavolo della cucina da cui da lì a un paio di mesi avrei dovuto sloggiare, fissavo il cellulare e mi sentivo frustrato, beffato e disilluso: che scherzo era quello? Tuo figlio non ti chiede mai nulla per una vita intera e poi, alla prima occasione, gli dici di no così, senza appello, e gli fai addirittura credere che è stato lui a farti una richiesta assurda?

Dovevo sfogarmi in qualche modo. E l'unico modo che conoscevo, quello che mi aveva sempre aiutato quando la vita mi girava contro, era scrivere. Dovevo parlare a qualcuno di cos'era appena accaduto: così scrissi un lungo messaggio alla mia ragazza, volevo semplicemente raccontare quello scambio di messaggi e di parole al telefono. Dopo un paio di righe, però, mi accorsi che il mio non era solo un messaggio, ma stava diventando un posto in cui mettere tutta la rabbia che mi stava bruciando dentro, da anni: aprii l'applicazione delle note del telefono e continuai a scrivere lì. E scrissi, scrissi, scrissi.

Scrissi tutto quello che provavo per mio padre, scrissi quanto non lo considerassi neanche un padre, per tutte le volte che non c'era stato, per tutte le volte che mi aveva trattato come il figlio di un altro; scrissi quanto mi faceva sentire stupido, fuori posto, quanto poi non sopportassi quest'idea malsana che aveva in testa per cui non si deve mai osare, bisogna restare sempre dove sei, al sicuro, come quando a quindici anni durante un litigio furioso con mia mamma lo avevo sentito dire che era sbagliato tentare di non essere quello che eravamo, perché eravamo una famiglia povera e tale dovevamo essere: scrissi che io non ero così, che io volevo staccarmi dallo scoglio, provarci almeno. E che, con o senza il suo aiuto, io quel prestito in banca lo avrei ottenuto, prima o poi.

Esagerai, calcai la mano, aggiunsi anche cose non del tutto vere, con la vista annebbiata dalla rabbia e dalla delusione, perché a volte negli anni lui avrebbe voluto esserci ma ero stato io a non permetterglielo, a tenerlo fuori dalla mia vita, a non farmi sentire e a fregarmene di lui.

Cinque minuti ci avevo messo a scrivere quel messaggio, non di più. Poi lo copiai, lo inviai alla mia ragazza e andai a preparare la borsa per gli allenamenti perché ero in ritardo.

Pochi istanti dopo, io già sulla porta per uscire, mi arrivò un messaggio da mio padre. *Be', finalmente*, mi scriveva. Non mi resi conto subito di cos'era successo. Aprii il messaggio. E allora capii.

Lo avevo copiato e incollato nella conversazione con mio papà, non in quella con la mia ragazza. Lo avevo mandato a lui. La mia *Lettera al padre* non era un'attenta e ponderata riflessione destinata a diventare un giorno un libro letto in tutto il mondo, come quella di Kafka, ma un messaggio di Whatsapp, scritto in cinque minuti di rabbia una sera di novembre e inviato per sbaglio.

Poi lui proseguì: *Finalmente mi dici cosa pensi veramente di me. Era una vita che lo aspettavo.*

Errori gravi ne avevo fatti, eccome, ma quello aveva un colore diverso: senza tirare in ballo la psicologia spicciola, era evidente che qualcosa dentro il mio cervello aveva voluto correre e anticipare la mia parte razionale, arrivare a suonare prima di me il campanello della verità: recapitare tutte quelle parole al loro vero destinatario. Era evidente che quello sbaglio era in realtà ciò che avevo sempre desiderato fare, che quelle parole scritte di fretta e di rabbia stavano camminando dentro di me da anni e aspettavano solo il momento in cui fossi stato abbastanza coraggioso – o abbastanza distratto – per approfittarne e uscire a vedere la luce del sole.

Quell'errore, come tutti gli errori, mi parlava di me e mi stava dicendo chi ero: uno che non dice le cose. Uno che se le tiene dentro quando fanno troppo male. Che è capace di aspettare anni prima di tirar fuori i propri pensieri. Non sarebbe nemmeno troppo grave se quei pensieri fossero solo quelli rivolti agli altri, come era successo con mio papà al quale ero riuscito a dire cosa provavo per lui solo da quattromila chilometri di distanza e con un messaggio di Whatsapp. Lo diventa, grave, quando i pensieri che non voglio dire, che non voglio vedere, sono i miei, quando mi rifiuto di dirmi quello che ho davanti agli occhi, quando mi racconto storie pur di mascherare verità che non mi piacciono: e lo faccio di continuo, l'ho fatto fin troppe volte.

Il vero problema di essere uno così, non è quando ti capita per sbaglio di inviare un messaggio che vorresti non aver inviato, o quando un lapsus ti fa dire una frase fuori posto. Quelle cose, in fin dei conti, hanno il sapore dell'autentico, feriscono ma hanno il sentore della verità e, per quanto quel giorno mi sia sentito stupido, ebbi se non altro la soddisfazione di buttare fuori qualcosa che era stanco di starsene sepolto dentro.

Lo scoglio e il mare

Il problema era da un'altra parte. Erano le bugie perpetuate nel tempo. Io che per due volte sono riuscito a stare insieme per quasi cinque anni – tutte e due le volte – con ragazze che non amavo, e io lo sapevo che non le amavo eppure continuavo a starci insieme, a comprare loro regali romantici per il compleanno e per Natale, a farci viaggi, perfino progetti a volte. Io che per anni ho continuato a fare lavori che non mi interessavano neanche di striscio e che comunque non schiodavo da lì, continuavo a portare su e giù piatti dalla cucina ai tavoli, a chiamare dal call center gente che mi buttava giù il telefono in faccia, a girare i polli nella friggitrice, pur sapendo benissimo, da qualche parte dentro di me, che il mio posto era in una classe, dove provare a tirare fuori bellezza dai ragazzi, e davanti a un computer in cui provare a metterla dentro le mie storie. Il problema sono le bugie perpetuate negli anni perché quelle non si vedono ma ti ammalano il cuore: e anche se il sorriso ce l'hai sempre, c'è una parte di te che lo sa che quel sorriso è una scenografia, teatro, e non te ne accorgi, ma così il fuoco che hai dentro diventa un fuoco lento che ti spegne piano piano, un pezzettino alla volta, un giorno dopo l'altro.

Piano piano, allora, inizi a convincerti che niente può cambiare, che tutto andrà sempre così, ti attacchi al tuo scoglio e neanche più ci pensi al mare che hai davanti, il cassetto lo apri e scopri che dentro non ci sono più sogni, ma solo carte, bollette e scontrini.

Dentro di te sei come Giovanni Verga, che osserva i poveri pescatori e pensa che non gli conviene staccarsi dallo scoglio e buttarsi in mare, perché il mare non fa per loro.

> Allorquando uno di quei piccoli, o più debole, o più incauto, o più egoista degli altri, volle staccarsi dai suoi per vaghezza dell'ignoto, o per brama di meglio, o per curiosità di conoscere il mondo; il mondo, da pesce vorace com'è, se lo ingoiò, e i suoi più prossimi con lui.

Perché in fin dei conti diciamocelo: sullo scoglio non si sta poi così male. Bene forse no, ma non male. In ogni caso ti sembra impossibile che cambi qualcosa.

Questo è un errore davvero brutto, uno dei peggiori che si possano fare: smettere di sentire il rumore del mare. Correre affannosamente da ogni parte, ma dimenticare di tendere l'orecchio, di cercare quel suono che per metà è spavento e per metà richiamo.

Il rischio, a fare così, è quello di convincersi che non sia mai neanche esistito, un mare dentro di te. Che tuffarsi sia solo un'illusione o una fantasia troppo spericolata. Farti la strana idea che la vita sia soprattutto attaccarsi agli scogli, senza mai lasciarsi andare.

Quel messaggio spedito per sbaglio mi stava dicendo qual è l'errore più stupido che si possa fare. No, non sprecare la propria vita nell'infelicità, quello può succedere. Ma farlo raccontandosi la bugia che va bene così.

Questo gigantesco errore aveva stranamente a che fare con l'ultimo imperatore romano, Romolo Augustolo.

Romolo Augustolo e l'11 settembre

Dicono che quando cadde l'impero romano d'Occidente nessuno ci fece un gran caso. Tutti si erano ormai abituati all'idea che gli imperatori venissero sostituiti, molto più spesso uccisi. La deposizione di Romolo Augustolo, nel 476 d.C., non fu percepita da nessuno come un terremoto, al massimo come uno dei tanti temporali di passaggio. Ma per noi che la studiamo oggi, quella data è fondamentale, uno spartiacque, una linea molto precisa: prima c'è l'età antica, dopo il medioevo.

Fu così anche per il passaggio dal medioevo all'età moderna. L'approdo di tre caravelle sulle spiagge di San Salvador, la mattina del 12 ottobre 1492, non spostò nulla nella vita di quasi nessuno: nemmeno i marinai di quelle tre caravelle e il loro comandante Cristoforo Colombo si accorsero dell'immensità di quell'istante, di quanto anch'esso stesse tracciando una linea per terra, di quanto segnasse un prima e un dopo.

Anche se i suoi non erano veri e propri diari, ma dei semplici taccuini di caccia, fa sempre molta impressione leggere quel *rien* segnato sulla data del 14 luglio 1789 dal re di Francia Luigi XVI, mentre il fumo dei cannoni oscurava il cielo di Parigi e le teste dei comandanti della Bastiglia facevano la loro macabra danza in cima alle picche dei rivoluzionari.

I grandi cambiamenti della storia, al tempo, non furono quasi mai vissuti come grandi cambiamenti. Non c'erano media, giornali, radio, TV, internet: il mondo ne sentiva appena l'eco lontana, e continuava a fare la sua vita. Come se niente fosse.

Poi, tutto cambiò: a un certo punto della storia i media permisero alle notizie di circolare più rapidamente e di fare più strada in meno tempo.

Infatti, tutto il pianeta fece un sobbalzo il 28 giugno 1914, quando a Sarajevo venne assassinato l'erede al trono dell'impero asburgico Francesco Ferdinando. E tutti ricordano che cosa stavano facendo l'11 settembre 2001, quando il primo aereo si schiantò contro la torre nord del World Trade Center, nel cielo di New York. Tutti abbiamo guardato quel fumo salire verso l'alto e pensato che il mondo non sarebbe stato più quello di prima.

È lo stesso per le nostre vite, per i grandi cambiamenti che segnano un prima e un dopo. Possono essere di due tipi: dei *Romolo Augustolo* o degli *Undici settembre*. Sono dei passaggi lenti, silenziosi, in cui tutto cambia ma tutto resta uguale, oppure sono dei terremoti improvvisi che distruggono quello che eravamo prima e prefigurano l'idea di ciò che saremo poi.

Un errore che ho fatto tante, troppe volte è stato lasciare che la vita mi cambiasse fra le mani senza rendermene conto. Annotare tanti piccoli *rien* sul mio taccuino dei giorni, mentre grandi rivoluzioni invisibili la facevano diventare altro da quello che volevo. Amori che non erano amori trascinati avanti stancamente per anni, finte passioni, amicizie tenute in piedi solo per non sentirsi troppo soli. La storia di Romolo Augustolo e dell'11 settembre mi fa ricordare quanto è facile lasciarsi vivere, lasciarsi cambiare, quanto le ingiustizie più grandi non accadano nel clamore ma si svolgano nel silenzio: lente, a piccole gocce, scavano la roccia e alla fine la trasformano in sabbia.

Gli errori più grandi non stanno negli istanti, ma negli anni.

La domanda è sempre la stessa: come hai fatto a non accorgertene? C'erano dei segnali? Mentre eri lì, c'era qualcosa che ti diceva che stavi cambiando, che ti stavi trasformando nel contrario di te, o era tutto nascosto e indecifrabile?

C'è quella canzone di Fabrizio De André in cui a un certo punto lui dice:

Continuerai a farti scegliere, o finalmente sceglierai?

Adesso che scrivo queste righe, mentre una pioggia battente riempie di rumore la mia soffitta, posso dire senza paura di sbagliarmi che i segnali ci sono sempre. Che c'è qualcosa che ti parla, che ti dice che hai smesso di scegliere e ti stai facendo scegliere. Brevi istanti di lucidità, spiragli di luce che arrivano e poi spariscono, in cui capisci che non sei tu quello nello specchio, che non è quella la vita che vuoi. Ti senti un ospite, fuori posto, nell'eco di una battuta che non ti fa ridere, in un contatto delle dita che non ti fa tremare, in un lavoro che ti fa costantemente sperare nell'arrivo del weekend, in uno sguardo che non ti fa sentire a casa.

Lo conosco molto bene questo errore e so anche perché accade: è quando credi di non avere ben chiaro dove vorresti andare. Non ti accorgi di non riconoscerti allo specchio perché fondamentalmente non sai nemmeno tu chi sei, e allora lasci che te lo dicano gli altri. Che altri lo decidano. Prendi per buono quello che arriva, perché non hai idea di dove vuoi arrivare.

E l'unico antidoto, l'unico modo di salvarsi dal pericolo di voltarsi e, come Romolo Augustolo, accorgerti che hai stravolto la tua vita e non te ne sei neanche accorto, è sapere chi sei. Sapere con esattezza che cosa vuoi. Solo così ti salvi, perché è solo quando sai che cosa vuoi che ti accorgi subito se la vita ti sta diventando fra le mani quello che non vuoi.

Già, ma come si fa a sapere con certezza chi siamo?

Prof, come faccio a sapere chi sono?

Non le conto nemmeno più le volte che un ragazzo o una ragazza mi hanno scritto, in messaggi o su carta, la domanda: «Ma io come faccio a sapere chi sono?». Le volte che i loro occhi smarriti mi hanno interrogato e mi hanno parlato di quanto è difficile cercare sé stessi nella nebbia degli anni di scuola, dei litigi coi genitori, degli scazzi con gli amici e degli amori non corrisposti. Di quanto tutte le strade ti sembrino giuste, e tutte sbagliate. Me li immagino di fronte al cellulare o alla tastiera del computer, appoggiati al loro cuscino, di notte, lo schermo unica luce nel buio, l'esitazione prima di premere INVIO, e pensare a quei messaggi mi ha ricordato uno dei motivi per cui scrivo le storie che scrivo: per me, è un po' come spedire lunghe lettere all'adolescente che sono stato. Dirmi tutto quello che avrei tanto voluto sentirmi dire. Solo che lo dico a loro.

«E se poi inizio a studiare questa cosa e scopro che non mi piace?»

«Come si fa a essere sicuri che la strada è quella giusta?»

«Lei, prof, quand'è che ha capito che voleva insegnare?»

Bella domanda. Credo sia come una voce. Davvero, non ho idea di come funzioni, ma l'unica cosa che sento di poter dire è che si presenta come una voce. Qualcosa che ti chiama, come quando da piccolo vedi un adulto fare qualcosa e pensi: "Però, sarebbe bello provarci". Un suono che ti attira a sé, quando sei totalmente immerso nel fare *tu* qualcosa e ti pare che il tempo scorra via più lentamente e più velocemente insieme. Piccole schegge di voce – durano una frazione di secondo non di più –, ma ti sembra distintamente di sentir chiamare il tuo nome, con una leggera eco che ti fa alzare la testa e guardarti intorno. Non per niente un altro modo di chiamare questa cosa è "vocazione", squillo che ti sveglia nella notte, temporale che senti risuonare dentro di te. È qualcosa che «ti esce dall'anima come un razzo», come dice Bukowski, e al tempo stesso ha la stessa trama di una storia d'amore di quelle molto complicate, piene di addii e di ritorni, quelle che quando lui e lei si sfiorano percepisci non uno sfiorarsi di mani ma di destini, come Jay Gatsby e Daisy Fay, Heathcliff e Cathy, Belle e la Bestia. La cosa più stupefacente – almeno per quel che ci ho capito io – è che è proprio quando sei più giovane questa voce la senti più chiaramente. Sì, lo so, a quattordici, quindici, sedici anni, più che una singola voce ti sembra di sentire un coro costante, un concerto di voci che ti dicono tutto e il contrario di tutto. Ogni giorno ti senti come Novecento quando appoggia il piede sullo scalino, il giorno che decide di scendere dalla nave dove è vissuto per tutta la vita e andare a vedere il mondo:

> Cristo, ma le vedevi le strade? Anche solo le strade, ce n'era a migliaia, come fate voi laggiù a sceglierne una. A scegliere una donna, una casa, una terra che sia la vostra, un paesag-

gio da guardare, un modo di morire. Tutto quel mondo, quel mondo addosso che nemmeno sai dove finisce, e quanto ce n'è... Non avete mai paura, voi, di finire in mille pezzi solo a pensarla, quell'enormità, solo a pensarla?

Quanto è difficile scegliere? Quanta paura c'è di sbagliare? Quanto terrore di aver sentito male quella voce, di averla fraintesa, di prendere una strada che non è la tua. Ma – proprio come scrive Dante nel canto XIX del *Paradiso* – è come con l'acqua del mare: più vicino sei alla riva, più è facile distinguere il fondo. A mano a mano che ci si allontana dalla riva, il fondo diventa sempre più indefinito, fino a scomparire alla vista. Allo stesso modo siamo noi, quando siamo più piccoli, vicini alla riva della nostra vita, c'è questa vocazione che si manifesta in modo a volte sghembo, a volte lampante, ma in ogni caso sempre libera, potente, e poi a mano a mano che prendiamo il largo e diventiamo grandi è un'immagine sempre più sfocata, meno chiara, ed è per questo che è importante tenere sempre ben vivo in mente il bambino che eravamo, perché lui sa di noi molte più cose, lui ha visto cosa c'era su quel fondo, lui è molto più vicino alla verità, possiede una saggezza che noi abbiamo dimenticato, e soprattutto coltiva molto più di noi un'arte importante, la sola che ci permette di decifrare davvero quella voce: l'arte di desiderare.

Ma come funzionano i desideri?

Il mio primo giorno di scuola

Coi desideri è un po' come con la ragazza che hai conosciuto sui social: molto bello scorrere le foto col dito, guardarla da uno schermo, immaginarci appuntamenti da film, ma è solo quando ci esci insieme davvero che scopri se può essere quella giusta per te. Se poi, per qualche benedizione, trovi che dal vivo sia anche meglio di come te l'eri immaginata, se nasce un vero sentimento, anche questo non basta: sarà davvero quella giusta solo il giorno in cui ti mostrerà tutti i suoi difetti, tutte le sue imperfezioni, tutte le sue piccole e grandi mancanze e tu la vorrai ancora. Quando ti avrà mostrato il suo peggio e tu sentirai di non desiderare niente di meglio.

Così è stato per me: ho avuto la certezza assoluta che insegnare era quello che volevo solo quando mi hanno messo davanti a una vera classe. E lì mi è accaduta la stessa cosa che accade a Elliot Reid in un episodio di *Scrubs*, la serie che racconta le avventure di un gruppo di specializzandi in medicina.

In quell'episodio Elliot è combattuta, non capisce se vuole davvero fare il chirurgo. Ha studiato per anni, ma una volta arrivata in ospedale le pare che il suo sogno si sia come fatto più friabile, che le si sgretoli fra le mani. Il padre le consiglia di cambiare strada, di diventare ginecologa e il suo primario, il perfido dottor Kelso, la spinge addirittura a mollare tutto. Lei sta per cedere, sta per diventare quella che si fa scegliere – per usare le parole di De André –, quando accade qualcosa che le fa capire tutto in un istante: sta assistendo un malato e quel malato le vomita addosso. È lì la rivelazione, perché quel momento oggettivamente repellente, una cosa da cui chiunque sarebbe scappato inorridito, le provoca una risata. Le viene da ridere, sente come una gioia prepotente salirle dal basso e poi venire alla luce.

Quando un ragazzo o una ragazza mi fa quella domanda: «Quand'è che capirò di essere sulla strada giusta?», io penso sempre a Elliot, perché è esattamente così che va.

Fu così anche per me. Non che uno studente mi abbia mai vomitato addosso – oddio, ora che ci penso, è successo anche di peggio –, ma è precisamente quello che mi accadde il primo giorno di scuola, subito, dopo neanche un minuto che mi trovavo in quella classe: fecero qualcosa da cui chiunque, forse, sarebbe scappato via.

Che cosa? È molto semplice. Fecero come se non ci fossi.

Era appena finita la ricreazione, io entrai in classe salutandoli e loro reagirono come se fossi un fantasma, continuando a parlare, correre per la classe, alcuni giocando a fare a botte. Io provai anche a rifare l'ingresso, ad alzare la voce, ma niente. Non lo fecero neanche apposta, credo: semplicemente per loro era normale comportarsi così con un supplente, non avere alcun timore reverenziale, niente. Era una seconda media, a detta di molti una delle peggiori classi della scuola. Non dimenticherò mai quella sensazione, quel sentirmi come invisibile, la voglia di scappare via che bussò ai miei pensieri. Però lì, anche in quel disagio, io mi sentii *a casa.* La sensazione che mi diceva di scappare via venne spazzata via da un'altra, molto più forte, molto più bella. Una voce che mi diceva che ero nel posto giusto. Un brivido di piacere mi fece adorare quel frastuono, quegli occhietti, quelle facce. E così feci una cosa.

Sorrisi, presi la mia borsa, tirai fuori un libro. Iniziai a leggerlo ad alta voce.

Allora, come per una specie di miracolo, le ragazze e i ragazzi si sedettero e, uno alla volta, si misero ad ascoltare la storia che stavo leggendo. E fu amore.

Il mio sogno di bambino era stato a un passo dal trasformarsi in un incubo, ma io continuavo a non desiderare niente di meglio.

Ecco come lo scopri. Ecco come trovi una risposta alla domanda «Ma come faccio a sapere chi sono?». Quando tutto andrà storto, quando la reazione più ovvia sarà mollare o scappare e tu vorrai comunque stare lì. E ti scapperà anche da ridere.

Come è ovvio che sia, non accade al primo colpo. Prima di arrivare a quel punto ci saranno tantissime altre situazioni in cui vorrai scappare e basta, senza alcuna sensazione di piacere. Senza alcun desiderio di restare dove sei. Nessuna voce ti dirà di restare lì.

Per cui c'è solo un modo per essere sicuri di trovarla, quella risposta: provare quante più esperienze possibili. Sbagliare. Sbagliare tanto. Sbagliare bene.

Ma non a colpi di errori lenti, silenziosi, non con quei cambiamenti che sembra che non cambi niente, imperi che ti crollano dentro e tu non batti ciglio. È quello il solo grande errore che si possa fare nella vita: lasciarsela scorrere di fianco. Scarabocchiare distrattamente un *rien* sul taccuino mentre è in corso una rivoluzione che ti sta togliendo la vita dalle mani.

Per diventare davvero grandi, l'unico modo è sbagliare alla grande.

11.
SE E NONOSTANTE
L'errore di non prendersi la responsabilità dei propri errori

«Al giorno d'oggi la maggior parte della gente muore come se fosse subdolamente colpita da un attacco di buonsenso. Solo quando è troppo tardi si accorge che le uniche cose che non si rimpiangono sono le proprie follie.»
OSCAR WILDE, *Il ritratto di Dorian Gray*

La nostalgia del presente

L'anno scorso è stato l'ultimo insieme ai ragazzi della terza. La terza è sempre un anno strano perché, fin da settembre, fin dal primo giorno di scuola, non puoi fare a meno di provare una sensazione difficile da definire, non credo esista nemmeno una parola in italiano: li vedi lì davanti e al tempo stesso non li vedi già più, e già ti mancano. Non è come la *saudade* portoghese, che è mancanza di qualcosa di indefinito, forte tanto da diventare presenza, *presenza di qualcosa che manca*, no: è nostalgia, solo che è nostalgia di qualcosa che è ancora davanti a te, *mancanza di qualcosa che è ancora presente.* Borges ci scrisse una poesia su questo, *Nostalgia del presente*, ma quella di cui parla lui è più che altro la forza di questo sentimento, la sua capacità di portarti in posti lontani, di farti essere dove non sei. No, questa è una cosa diversa: servirebbe davvero una parola per descrivere questo sentimento, per spiegare che cosa proviamo noi insegnanti quando arriva l'ultimo anno, la nostalgia per qualcuno che vedi tutti i giorni e che ti immagini già andato via, perché sai che andrà via, e nel caso degli studenti c'è proprio una data precisa, già scritta – il 30 giugno, il giorno in cui finiscono gli esami, il giorno in cui dovrai pronunciare cinque lettere il cui suono echeggia silenzioso nella classe fin dai primi giorni di settembre: «Addio».

Ogni settembre, ogni santo settembre di un anno in cui hai una terza, non puoi fare a meno di tornare con il ricordo a quando li hai visti per la prima volta, che poi è esattamente un attimo fa, giuro che era un attimo fa. Il giorno in cui li hai visti arrivare, in prima, cuccioli straniti, dispersi, con la paura di tutto, i maschi che ancora si portano a scuola le macchinine e le femmine che ancora non tappezzano le camere con le boy band e i cantanti trap – ok, solo alcune, diciamo. Poi chiudi gli occhi, li riapri e *bum!*, sono già donne, già uomini, muscoli in tensione, più alti di te, peli che spuntano ovunque e sguardi incazzati taglienti innamorati. Si ripete ogni settembre, sempre ogni settembre, loro con gli occhi già al domani e tu che li rivorresti indietro ancora per un po', e li guardi più o meno come si guarda una vecchia foto, la nostalgia di qualcosa che già non è più presente e ancora non è passato, è ancora lì, davanti a te, perché ragazzi – dico proprio a voi, sì, ragazzi – potete dire quello che volete, che noi prof siamo stronzi, che vi rompiamo le scatole con lo studio, l'impegno, i compiti, le interrogazioni, ma una cosa che pochi di voi sanno è che per noi non siete studenti, non solo ecco, non lo siete mai stati, siete una cosa a metà tra studenti, figli, fratelli piccoli e amici, una cosa strana che non c'è una parola, questa proprio non c'è, e vi vogliamo un bene che non saprete mai, che resta tutto chiuso qui, in come vi guardiamo nei primi giorni di settembre, in come dietro la solita faccia seria da prof continuiamo a sperare che non ve ne andiate mai. In come non possiamo fare a meno di volervi spingere fuori nel mondo e, nello stesso preciso momento, tenervi qui, con noi, al riparo dal mondo.

E poi, già annunciato eppure come una pugnalata alla schiena, arriva l'ultimo giorno.

Una congiunzione può cambiarti la vita

Entro in classe, li guardo. Ho per loro quella che, lo so già, verrà vissuta come la più terribile delle notizie. Ho intenzione di fare lezione. Lo dico e loro, tutti in coro, partono con un no con tantissime "o". Ma non solo, dico: la lezione che voglio fare è una lezione di *grammatica*. La fila delle "o" diventa chilometrica, perché c'è una sorta di legge sacra non scritta che vuole che l'ultimo sia giorno di festa, c'è chi ha portato le patatine, le casse Bluetooth, i pennarelli per scriversi addosso i saluti, le firme sulle braccia, gli ultimi in bocca al lupo prima degli esami, mi mancherai, mi manchi già.

Lezione: no, non si può. Grammatica, poi? Sacrilegio!

«Per cui seduti, attenti, penna e quaderno, perché voglio anche che prendiate appunti!»

«Ma prof scherza, vero?»

«Ma sono cose che ci chiederà all'esame?»

«Prof, io non ho portato neanche l'astuccio e il quaderno!»

«Ve li fate prestare, perché questa lezione è la più importante di tutte. Sappiatelo.»

Così fra mugugni e proteste in sottofondo comincio la mia ultima ora con loro, scrivendo alla lavagna due parole, due soltanto, belle grandi, cubitali. Da un lato scrivo SE, dall'altro NONOSTANTE.

Qualcuno copia. Qualcuno sbadiglia. Qualcuno guarda con bramosia il sacchetto di patatine nell'angolo. Io invece ho il cuore che mi batte forte, perché so già quello che voglio dire, mi sono preparato il discorso venendo qui, e forse sono tre anni che aspetto di dire quel che ho da dire, anche se ancora non so esattamente come iniziare. E allora vado.

«Ci sono due tipi particolari di subordinate, nell'analisi del periodo, che sono molto diverse tra loro: da un lato abbiamo il periodo ipotetico, in particolar modo quello del terzo tipo, che è quello introdotto dalla congiunzione se. Dall'altro abbiamo le proposizioni concessive, quelle introdotte dalla congiunzione nonostante e da tutti i vari sinonimi come malgrado, benché, seppure eccetera.»

Poi mi fermo. Li guardo. Sbadigli sempre più grandi, misti a sguardi di vero odio traducibili con: "Ma sul serio hai il coraggio di rifilarci 'sta palla all'ultima ora dell'ultimo giorno?!".

Non trovo più le parole. Cacchio, in macchina mi veniva così bene! Così mi fermo un attimo e decido di cominciare con una storia, perché sento che solo una storia – la mia –

può spiegare esattamente quello che devo dire. Metto via il gesso, inizio a camminare in mezzo a loro.

«Sapete, quando avevo la vostra età, finiti gli esami, andai a passare tre settimane a casa di mio papà. I miei genitori erano separati: io vivevo con mia mamma, mio papà non lo vedevo quasi mai. In quel periodo, però, lui aveva preso in affitto un appartamento al mare perché lavorava là, e così mi disse: "Dai, vieni a stare un po' da me, di giorno vai in spiaggia, la sera vieni lì dove lavoro e così stiamo un po' insieme".»

«Che culo prof!»

«Anch'io voglio un papà che lavora al mare!»

«Ma suo papà che lavoro faceva, prof?»

«Lavorava in un negozio di abbigliamento: avete presente quelli che ci sono al mare, tantissimi vestiti, prezzi bassissimi, prendi dieci paghi uno? Ecco, una cosa così, mi ricordo ancora il nome: SUPERMIRACOLO.»

«Ma che nome è per un negozio, prof!»

«Eh, erano i primi anni Novanta. Sai com'è.»

«Le gente non stava bene negli anni Novanta, prof.»

«Già. Comunque, il titolare di mio papà aveva un figlio della mia età. Si chiamava Massimo ed era il mio esatto opposto: io impacciato e un po' strambo, lui il classico tipo figo, sicuro di sé. Io timido e introverso, lui sempre battuta pronta, al centro dell'attenzione. E soprattutto: io un imbranato da competizione con le ragazze, lui una specie di Fonzie quattordicenne.»

«Fonzie?!»

«E chi è Fonzie?!»

«Ok, sono vecchio. Era un personaggio di una serie che guardavamo tutti, alla vostra età. Uno che bastava schioccasse le dita e tutte le ragazze cadevano ai suoi piedi. Ecco, anche Massimo era quasi così: andava dalle tipe, diceva loro due battute sceme e poi tornava con un appuntamento, un numero di telefono, uno scambio di baci sulla guancia. Giuro che glielo vidi fare dal vivo, non ci potevo credere: io assumevo colori strani solo a salutarle da lontano, anche se già le conoscevo, lui andava dalle sconosciute e *tac*, rimediava delle uscite con loro. Mi sembrava una specie di divinità, o un mago che conosceva segreti a me preclusi.»

«Cosa vuol dire preclusi, prof?»

«Vuol dire che lui giocava in un altro campionato, ai miei occhi. E come forse potete capire, non era facile per me uscire con lui. Mi stava simpatico, andavamo in piscina e in spiaggia insieme, ascoltava musica che piaceva anche a me: ma quando gli vedevo fare quei miracoli con le ragazze, non potevo non sentirmi una schifezza. Eravamo coetanei, ma con lui mi sentivo come un bambino di fianco a un ragazzo grande. E poi una sera la mia umiliazione toccò il fondo.»

«Oh no prof, che ha combinato?»

«Io niente. Fu mio papà.»

«E che c'entrava suo papà?»

«Be', mio papà con me si è sempre vantato di essere stato un playboy, in gioventù. Era una specie di Massimo anche lui, quando aveva la mia età. Avete presente il detto che la mela non casca mai lontana dall'albero? Bene, io rispetto a quell'albero ero caduto direttamente in un altro stato, in un altro continente, in un altro pianeta. E non potevo non notare un certo disappunto, se non proprio delusione, in mio padre, quando se ne rendeva conto. Quando mi vedeva al fianco di Massimo e doveva constatare quanto fossimo diversi. Quanto io non avessi alcun gusto nel vestire, nessuna attenzione al look, nessuna capacità di acchiappare le ragazze. Spesso avevo la sensazione che fosse Massimo il figlio che voleva, non io.»

Quando racconto questo pezzo della storia, alcune paia di occhi brillano di una luce strana. Si abbassano, pensierosi. Non dico nulla, perché hanno tredici e quattordici anni ed è dura ammetterlo davanti a tutti, ma da come il loro sguardo va giù si vede: si vede che sanno molto bene di cosa sto parlando, conoscono anche loro la sensazione terribile che ti passa sotto pelle quando vedi che un genitore – basta un attimo, eh, ma è un attimo che ti resta dentro per sempre – sembra apprezzare un tuo amico più di te.

«Insomma, una sera mio papà arrivò dove eravamo noi,

c'era anche la sorella più grande di Massimo. Massimo e un suo amico mi stavano raccontando la loro ultima impresa: erano andati da queste due ragazze tedesche al luna park e le avevano invitate a uscire, e la sera stessa le avevano baciate, in spiaggia. Il tutto alle mie orecchie suonava più o meno come fantascienza, provavo a immaginarmi fare lo stesso, ma mi sembrava più probabile salire a bordo del Millennium Falcon di *Star Wars*. Mio papà si intrufolò nella conversazione e chiese a Massimo com'era andata, come le avesse abbordate, queste due ragazze. Quando lui glielo raccontò, mio padre disse una cosa che non potrò dimenticare mai.»

«Cosa disse, prof?»

«Sì, cosa disse?»

«Disse: "Be', sì, è normale: vedono due bei ragazzi come voi. Poi magari vedono lui – e indicò *me*, con la mano, gesto plateale, tipo presentatore – e scappano via!".»

«No!»

«Sul serio?»

«Non ci credo!»

«Tutti risero. Massimo, il suo amico, la sorella di Massimo. Mi guardavano e ridevano. Io non riuscivo a credere che lo avesse fatto davvero. Che avesse detto davvero quello che aveva appena detto.»

Silenzio di tomba nella classe. Alcuni sorridono, perché l'ho raccontata con ironia, ma la maggior parte no, non sorride perché, anche se provo a nasconderlo con qualche battuta e l'espressione di chi sa ne è passata di acqua sotto i ponti, si vede bene che quella frase e quel gesto fanno ancora male, ancora oggi quasi trent'anni dopo.

«Ok, prof, suo papà è stato davvero pessimo quella volta: ma perché ci ha fatto scrivere quelle parole, *se* e *nonostante?*» mi chiede Aurora.

«Eh calma, Aurora, non vorrai mica che ti faccia spoiler! Quella sera tornai a casa, da solo, verso le due del mattino...»

«Alt, fermo lì prof, un attimo!»

«Cosa c'è, Ludovico?»

«Lei aveva la nostra età, giusto?»

«Sì, Ludovico.»
«E poteva stare fuori fino alle due del mattino?!»
Sguardi attoniti della classe. Quasi invidiosi, ora.
«Sì, be', mio papà non è che mi desse regole troppo ferree, anche perché lui di solito tornava molto più tardi di me!»
«Che figo, anch'io voglio un papà così!»
«Seee», fa Aurora, «vuoi anche tu un papà che ti prende in giro davanti ai tuoi amici?»
«Il mio lo fa sempre!»
«Va bene, ragazzi, ora non fatemi perdere il filo. Dicevo: stavo tornando a casa, da solo, verso le due del mattino. E lì intravidi, a distanza di un centinaio di metri, qualcosa che avrebbe rappresentato il mio grande riscatto: due ragazze, una bionda e una mora. Camminavano tutte sole, credo stessero anche loro tornando a casa. Dentro di me scattò qualcosa, come un bisogno di rivalsa. Potevo dimostrare che non ero quello che mio papà aveva detto! Anch'io volevo fare il miracolo, andare lì, dire due scemenze e rimediare un appuntamento! Così ripassai mentalmente le battute che avevo sentito dire a Massimo e pensai: "Ora le riciclo alla grande e vediamo cosa succede!".»
«E ce l'ha fatta? Ha trovato il coraggio di andare da loro?»
«Ma prof, ma se uno mi si avvicina alle due di notte, io sì che scappo!»
«E invece io le raggiunsi, le salutai, e loro incredibilmente non scapparono, non chiamarono la polizia, ma si fermarono a parlare con me. Scoprii che erano straniere, della Repubblica Ceca. Fortunatamente parlavano inglese, e io in inglese avevo ottimo!»
«Ottimo?» chiede Ludovico.
«Ma sì, lo sai che il prof andava a scuola tanto tempo fa. Non si usavano i numeri una volta, ottimo era come dire dieci.»
«Grazie per farmi sentire ancora più anziano, ragazzi. Comunque, con il mio inglese, le feci anche ridere, a un certo punto! Una, la bionda, era decisamente fuori dalla mia por-

tata, perché aveva un paio di anni e soprattutto un paio di decine di centimetri più di me. Ma l'altra, la mora – Katarina –, poteva essere la mia grande rivincita. E così presi coraggio e chiesi loro se volevano venire con me in spiaggia, il giorno successivo.»

«E loro?»

«E loro, contro ogni pronostico, dissero sì!»

«Grande prof!»

«Così si fa!»

«Il giorno dopo ero gasatissimo: non avevo mai avuto un appuntamento, uno vero. Ed ero così lanciato, sicuro che avrei baciato Katarina, che ero già in ansia, visto che non avevo ancora mai baciato una ragazza.»

«Cosa?!»

«Eh?!»

«A quattordici anni non aveva mai baciato una ragazza?!»

Bello quando dei ragazzini riescono a farti sentire un po' sfigato anche a trent'anni di distanza.

«Ragazzi, aspettavo di trovare quella giusta!»

«Certo certo...»

«Va bene, tornando a noi: Katarina mi piaceva e con il mio inglese da terza media riuscivo a farla ridere, mi sembrava che tutti i segni ci fossero. Eravamo lì, in spiaggia, coi nostri asciugamani, e a un certo punto mi ricordo questa scena a metà fra il tragico e il molto tragico, in cui un gruppetto di ragazzi più grandi si avvicinò a noi. Erano in quattro, uno più bello e più abbronzato dell'altro, e attaccarono bottone con le due ragazze senza nemmeno calcolarmi. Non sapevano un'acca di inglese, nessuno dei quattro, eppure riuscirono a farle alzare dall'asciugamano e intavolarono anche una specie di conversazione, con me lì sotto disteso sul mio asciugamanino che li guardavo dal basso verso l'alto. Uno di questi, neanche ci fosse dietro uno sceneggiatore sadico, si chiamava *Max.*»

«Un altro Massimo, prof?!»

«Eh già.»

«Ma allora è una congiura!»

«Sì, sono d'accordo. Anche perché Katarina con lui rideva, rideva molto più di quanto avesse riso con me. Il tutto durò al massimo due minuti, ma furono i due minuti peggiori di tutta la mia estate fino a quel momento.»

«E quindi? Max le portò via la ragazza?»

«Aspetta aspetta, perché andò molto peggio di così. Dunque, questi quattro specie di fotomodelli si fermarono solo un paio di minuti a parlare con le ragazze che *io* avevo portato lì, perché poi uno di loro vide passare una stangona bionda, che evidentemente aveva già conosciuto, e costrinse gli altri a seguirlo per andare da lei. Un attimo ed erano spariti, lasciando le due ragazze da sole: loro si ridistesero sull'asciugamano e iniziarono a confabulare nella loro lingua. Io ovviamente non ci capivo nulla, mi limitavo ad aspettare che si ricordassero della mia presenza, ma ogni quindici parole sentivo che dicevano *Max*. Cercavo di sembrare calmo e intanto controllavo con il mio radar periferico che i quattro fotomodelli non rientrassero nella nostra area. Dopo cinque minuti buoni di consultazioni in ceco, Katarina e la sua amica si alzarono in piedi, senza dirmi niente. A quel punto anche io mi alzai, pensai volessero fare un bagno, ma Katarina spense subito qualsiasi mia ambizione verso di lei e in generale verso l'idea di baciare una ragazza quell'estate e forse anche in tutta la vita, dicendomi: "*We go for Max*".»

«Cioè?»

«*We go for*... in che senso?»

«Nel senso che volevano andare a cercare Max.»

«Con lei, prof?!»

«No, ragazzi. Il linguaggio non verbale era abbastanza eloquente: volevano andarci *da sole*. Io potevo pure restare lì o anche tornarmene a casa, se volevo. Insomma, il finale di quel pomeriggio in spiaggia fu questa scena tristissima di me disteso di fianco a due asciugamani vuoti per circa un'ora. E poi di me che me ne tornavo da solo a casa, con dentro solo una gran voglia di piangere.»

«Prof, posso dirglielo, ma mi deve promettere che non si offende?»

«Ah, tranquillo, non mi offendo, so già che cosa mi devi dire.»

«E che cosa devo dirle?»

«Che ero un grande sfigato, a quattordici anni!»

«Ecco, l'ha detto lei, così mi ha tolto il problema!»

«Sì, ero un grande grande sfigato. Lo so.»

«Però non ci ha ancora detto cosa ci fanno quelle due parole alla lavagna, prof, e cosa c'entrano con tutta questa storia.»

«Be', è semplice, perché la storia non è finita. Perché durante quelle tre settimane con mio papà successe un'altra cosa.»

«Oh no, non mi dica che è stato rifiutato da un'altra ragazza!»

«No, basta rifiuti. Tutt'un altro fatto, proprio. In pratica andò che in una di quelle famose sere in cui giravo da solo nel cuore della notte decisi di fare un salto in spiaggia, a vedere il mare. Per chi non lo sapesse, il lungomare di Lignano è sopraelevato rispetto agli stabilimenti, così puoi vedere il mare dall'alto. È molto carino. Io avevo una biciclettina e mi sembrava una bella idea parcheggiarla lì sotto, salire le scale e andare a vedere il cielo riflettersi sulle onde, cose così.»

«Che romantico, prof!»

«Sì, lo so, pure troppo. Comunque salii le scale, camminai un po', poi trovai le sedie di un bar chiuso, là sopra, e mi sedetti a contemplare il mare. A un certo punto mi si avvicinò un tizio che non avevo mai visto, credo fosse sulla cinquantina ma non saprei, a quattordici anni se hanno più di quarant'anni tutti ti sembrano semplicemente dei *vecchi*, vero?»

«Tranne lei, prof!»

«Sì lo so che mi stai dicendo questo per ottenere clemenza all'esame, Ludovico, ma sappi che non funzionerà.»

«Ci ho provato, prof!»

«Comunque, io non feci nemmeno caso a lui, e neanche al fatto che si fosse seduto solo qualche sedia più in là. Pensavo volesse contemplare il mare. Quello che fece, però, fu avvicinarsi, parlarmi e chiedermi come stavo. Io avevo quattordici anni, non pensavo ci fosse nulla di strano in quella situazione, gli risposi educatamente. A un certo punto era proprio nella sedia di fianco alla mia, era calvo, brutto, e mi ricordo che iniziò a parlare dei miei pantaloncini, disse che gli piacevano, erano degli stupidissimi pantaloncini con dei disegni di limoni e foglie, ma io ancora non ci trovavo nulla di strano in quel complimento, fino a che lui fu così vicino che me li sfiorò, i pantaloncini, disse che avevano un bel tessuto, e poi in un attimo la sua mano era *sotto* i pantaloncini, e mi stava toccando, sì mi stava toccando proprio lì, e io solo a quel punto mi resi conto che tutto quello era sbagliato, e mi alzai di scatto, iniziando a dire frasi sconclusionate, ad alzare la voce, tanto che lui si spaventò. Dissi che avrei chiamato i ragazzi che stavano passando proprio in quel momento lungo la spiaggia, sulla battigia, e lui allora si dileguò in un attimo, sparì dalla mia vista, lasciandomi lì col fiatone, la salivazione azzerata e una gran paura che potesse tornare.»

Il silenzio, nella classe, adesso è totale. Io guardo quelle due parole alla lavagna.

SE e NONOSTANTE

«Sapete, quelle due subordinate non sono solo due subordinate, ma due modi di guardare il mondo, due modi di fare le cose, due modi di *essere*. Perché si può essere persone *se*, e persone *nonostante*. Il periodo ipotetico del terzo tipo è quello di chi dice: *Se avessi avuto più possibilità, ora non sarei qui.* Oppure: *Se avessi potuto proseguire gli studi, ora sarei laureato e avrei un buon lavoro.* Oppure: *Se non avessi subito quell'infortunio, avrei continuato a giocare.* Le proposizioni concessive invece sono tutto l'opposto, perché hanno il potere di cambiare da sole il senso dell'intero periodo, sia della frase che introducono sia di quella che viene dopo: *Nonostante non abbia avuto molte possibilità, ora sono qui. Nonostante non potessi proseguire gli studi, ho provato lo stesso a laurearmi. Nonostante l'infortunio, sono sceso di nuovo in cam-*

po. Vedete come tutto cambia, sostituendo una semplice congiunzione?»

«E suo padre, prof? Che cosa c'entra suo padre con questa storia?»

«C'entra: le persone *se* sono quelle che trovano sempre una giustificazione ai propri fallimenti nel passato, come se la colpa fosse sempre di qualcosa che ti è successo, di qualcosa che ti hanno fatto. E vi ho raccontato queste storie perché io per tantissimo tempo sono stato una persona *se.* Macché per tantissimo tempo, per una vita non ho fatto altro che collegare i miei infiniti insuccessi con le ragazze al fatto che avessi avuto un papà come il mio, e mi dicevo: "Se avessi avuto un papà che credeva in me, le cose sarebbero diverse, ora andrei da loro e non riceverei sempre rifiuti". Poi, quando le cose mi andavano male nel lavoro o sentivo di non essere forte e sicuro di me come tutti i miei amici, mi dicevo: "Be', se avessi avuto un padre che mi stava vicino al posto di uno che non si faceva problemi a mandarmi in giro di notte da solo, col rischio di farmi violentare da un pedofilo, ora sarei una persona più forte!". Per tantissimo tempo sono stato una persona *se,* ed era facile esserlo: era facile dare la colpa a qualcuno. Tutte le risposte erano lì e solo molto tardi ho capito che la colpa non era di mio papà, o di tutto quello che di brutto mi poteva essere successo da piccolo; che tutta quella roba non c'entrava niente, ma che *la colpa era sempre stata solo mia.* Il giorno in cui l'ho capito è stato anche quello in cui ho deciso che, se volevo essere felice, dovevo diventare una persona *nonostante.*»

La campanella sta per suonare. Io ho gli occhi lucidi e anche loro. Ho un nodo in gola, ma prendo un respiro e alla fine come per magia mi arrivano quelle parole che volevo dirgli fin dall'inizio: «Voi siete liberi di dimenticare tutto quello che vi ho insegnato in questi tre anni. Tutto, proprio tutto. Via i verbi, la storia, la geografia, non me ne importa niente se tutto questo adesso sparisce dalla vostra memoria, perché sono solo informazioni, nozioni, date. Se vorrete, le potrete recuperare in qualsiasi momento. Ma mi dovete fare il favore di ricordarvi una cosa, una soltanto, e di farlo sempre, anche quando avrete la mia età e anche dopo: non fate il mio stesso errore. Non siate mai persone *se.* Siate sempre persone *nonostante*».

12.

OLINAD

L'errore di scappare dal dolore

Quando mi fa quella domanda esita un attimo, prima di parlare.

È lì, seduto in mezzo ai compagni, e sorride. Sa che è una domanda difficile e vuole vedere se ho il coraggio di rispondere.

«Prof, qual è l'errore che ha fatto di cui si vergogna di più, quello che non ha mai raccontato a nessuno?»

Ecco il motivo per cui li amo e li odio allo stesso tempo: le domande. Le ragazze e i ragazzi hanno il dono di saper fare domande che ti spiazzano. Ti fregano, ti costringono a fermarti e a ripensare più o meno a tutto, dal giorno in cui sei nato fino a oggi, a rivedere certezze, a scombinare i punti fermi.

Voglio dire, una volta Matteo, tredici anni e quaranta chili bagnato, alle otto e trenta di un mattino uggioso di febbraio, se n'è uscito con questa domanda qui: «Prof, ma lei è felice?».

Non sono domande facili. Mai. Puoi rispondere in due modi: barando, giocando a nascondino dietro le frasi fatte; oppure spogliandoti, mettendoti a nudo, scendendo dal piedistallo del ruolo e provando a ricordarti che sei esattamente come loro: un ragazzo spaventato che non ha idea di cosa ci facciamo qui. Solo un po' più grande.

Per cui lo ammetto: se a Matteo ho risposto sinceramente – «No Matteo, non sono felice, perché la felicità è qualcosa che capita. Però posso dire che sono riuscito, nel tempo, a farla capitare un po' più spesso che in passato» –, al ragazzo che aveva alzato la mano, invece, non ho risposto come avrei dovuto. Ci ho girato intorno, mi sono inventato qualcosa, ma l'errore di cui mi vergogno di più non l'ho raccontato: perché me ne vergognavo, appunto. Lui se n'è accorto, ha annuito con la testa ma lo vedevo che aveva capito: eccone un altro che mischia le carte e alla fine non ti risponde.

Poi me ne sono pentito, perché la risposta a quella domanda forse poteva essergli d'aiuto. A lui e magari a tutti quelli che un giorno si fossero trovati in una situazione simile alla mia.

Per cui se vuoi, ragazzo con la mano alzata, ovunque tu sia, la risposta eccola qui.

L'errore più orribile di tutta la mia vita è stato scappare dal dolore.

Anche questo è un errore che non ho fatto una volta sola. La prima volta che mi è successo, o almeno la prima che mi ricordo, è stata a ventisei anni.

Casa di riposo. Presto servizio come obiettore di coscienza. Aiutante tuttofare, diciamo. Non esattamente il posto più allegro del mondo. Per dirne una, un giorno sì e l'altro anche, appesi sulla vetrata dell'ingresso, vengono esposti uno o due annunci funebri. Sono gli ospiti della struttura che se ne vanno a questo ritmo: uno o due al giorno. A volte tre. Noi del personale entriamo dal retro, per cui li vediamo sempre al contrario: AIROTTIV, OMLEILGUG, OTSENRE. Così.

Per il resto: vecchi, vecchi dappertutto.

Un giorno la mia responsabile mi chiama e mi fa: «Una volta al giorno devi andare su al secondo piano a stare un po' con Danilo».

«E chi è Danilo?» chiedo.

«Lo vedrai.»

Non che sia proprio entusiasta dell'incarico: già un'altra volta mi hanno mandato a tenere compagnia a un'ospite della struttura, e le cose non sono andate bene. Era una donna di quasi cent'anni, immobile a letto che, quando mi sono avvicinato per rimboccarle le lenzuola, con un colpo di reni ha bellamente tentato di limonarmi. La sua bocca sdentata si è aperta a un centimetro dalla mia cercando di far convolare le sue labbra a nozze con le mie. Senza scherzi.

Chiedo in giro notizie di Danilo. È lucidissimo, mi dicono, gli piace il calcio, capisce tutto quello che gli dici, il che non è così comune lì dentro. C'è solo il problema che "è un po' depresso".

"Vabbè", penso io, "e che sarà mai. Due barzellette sporche, qualche battuta sul calcio e lo tiro su in un attimo." Certo, come no.

Quando entro nella stanza, sotto le coperte, con gli occhi semiaperti che fissano il vuoto, c'è un uomo magrissimo con i capelli rasati a zero sulla testa, le gote scavate, la bocca aperta, bloccata in una specie di espressione di stupore, o di terrore, o di attesa. O tutte e tre le cose insieme. *L'urlo* di Edvard Munch, lì davanti agli occhi, in quel buio che non sembra reale.

Mi ha accompagnato da lui la psicologa: dice che passa intere giornate guardando il soffitto, dal letto, o la televisione, dalla sedia a rotelle. Ci vuole qualcuno che gli faccia compagnia, bastano pochi minuti al giorno, mi dice lei, qualcuno che gli faccia un po' di domande, lo spinga a parlare. «Volentieri», rispondo io.

Piano piano, giorno dopo giorno, passo un'ora a fissare quest'uomo che fissa il soffitto senza nemmeno un cenno di vita. Respira e tutto, ma non risponde alle mie domande, non sembra neanche accorgersi della mia presenza di fianco al letto. E, ovviamente, non ride alle mie battute, neanche quelle sporche.

Poi noto una cosa. Un cappello da alpino in cima a uno scaffale sopra il suo letto. Lo prendo in mano, per osservarlo. Per la prima volta sposta le pupille nella mia direzione, come se si fosse reso conto in quel momento di non essere solo. Lo sguardo non promette bene, mi sa che ho fatto una gaffe: forse non dovevo toccarlo, magari è uno geloso delle sue cose e il suo primo segno di vita sarà un manrovescio in pieno sulla mia guancia. Così metto giù il cappello e gli chiedo: «È stato negli alpini?».

E lui, lì, mi fa un regalo: un cenno con la testa. Un sì.

Inizio a fargli domande, e lui a rispondermi. Mi racconta del suo periodo da soldato. Poi del Pordenone Calcio. È una bellissima sensazione, per me: mi sembra di aver resuscitato qualcuno.

Qualche giorno dopo, siamo così in confidenza che avviene il miracolo: gli chiedo se ha voglia di alzarsi dal letto e di fare un giro con me e lui dice di sì. Quando ci presentiamo giù in salone tutti ci guardano, ammirati: qualche operatore mi chiede: «Ma come hai fatto?», e io soddisfatto spingo la sedia a rotelle di Danilo verso il tavolo delle carte.

Le cose non vanno sempre così bene: quella che io credevo essere solo la prima di una lunga serie di uscite, si rivela l'unica. Non è così facile farlo parlare né farlo scendere dal letto. La depressione lo ributta giù e io, dopo un po', rinuncio a tornare da lui tutti i pomeriggi. Prima diventa un giorno sì e un giorno no. Poi un paio di volte a settimana. Alla fine non ci vado più.

Mi invento un sacco di scuse per smettere di andare a trovarlo: ho tanto da fare con gli altri ospiti, dei lavoretti da sbrigare, ma la verità è che non voglio. Mi fa paura. Mi fa stare male. Il nero del buco in cui Danilo si è rifugiato mi resta sempre un po' addosso, dopo averlo salutato, e a volte mi sembra che mi chiami, che mi attiri a sé. Nel suo silenzio io lo sentivo sempre tutto, *L'urlo.* Così ho smesso, raccontandomi la bugia che non avevo tempo.

Un mattino arrivo al lavoro, guardo la vetrata d'ingresso, come al solito un annuncio. Solo che stavolta c'è scritto: OLINAD.

Come per la storia dei palleggi, anche questo errore è venuto con me, mi ha seguito negli anni, e io l'ho ripetuto nel modo più atroce, quello che forse non mi perdonerò mai.

Per cui, caro ragazzo che mi hai fatto quella domanda, adesso ecco qui la risposta. Nuda e cruda, senza tanti giri.

Anche questo c'entra con lei, la persona più importante della mia vita. Quella dell'albero di Natale.

Avevo più di trent'anni ormai. Era una sera d'inverno. Non la vedevo da mesi. Stava male, aveva perso il lavoro, poi era stata sfrattata dal suo appartamento. Non avevo idea di dove dormisse, ma qualcuno mi aveva detto che dormiva per strada.

Mentre tornavo a casa, passai dalle parti della stazione. Lei era lì, alla fermata. Capelli lunghissimi, tutta sporca. Le passai vicino. Speravo non si accorgesse di me e invece mi salutò. Mi chiese come stavo. *Lei a me.*

Stavolta non avevo neanche la scusa della fretta. Probabilmente nessuna scusa avrebbe retto di fronte alla forza dell'evidenza: avevo paura, tanta paura di lei, del buio che si portava dentro, dell'ombra con cui mi avrebbe potuto contagiare. Nel sorriso imbarazzato di chi non vuole far vedere quanto sta male, sentii di nuovo l'urlo, anzi ancora più forte. Così dopo due parole veloci andai via, la lasciai sola.

Ognuno di noi, credo, ha la sua macchia inconfessabile, il segreto che non rivelerebbe neanche sotto tortura, ma io sento che se voglio scrivere un libro che parli di errori, se voglio che sia vero, che parli davvero al cuore, devo chiudere gli occhi e buttare fuori quanto odi me stesso per essere scappato via, quella sera, per aver lasciato sola la persona che mi ha dato più di tutte, quella senza la quale non sarei nemmeno qui.

Sento che è giusto dirlo, anche se mi fa un male cane dirlo anche solo a me stesso, perché se l'errore peggiore verso sé stessi è sprecare la propria vita per paura di soffrire, quello peggiore verso le persone che amiamo è lasciarle sole per paura del loro dolore.

Fortunatamente, qualche tempo dopo ho aperto gli occhi e mi sono reso conto che c'era uno strappo in me, una ferita che si sarebbe rimarginata solo se avessi teso una mano a quella persona e l'avessi aiutata a uscire dalla melma. E così ho fatto.

Rimane, come uno sfregio su una parete che tutti vedono

bianca, la scena di quella sera d'inverno, l'urlo nascosto nel sorriso e un errore di quelli che non si possono cancellare, ma che si possono tenere a mente per ricordarsi la cosa più importante, riguardo all'amore: che amare davvero qualcuno significa anche riuscire ad amare il suo dolore.

13.
L'INCANTEVOLE CREAMY
L'errore di innamorarsi di qualcuno che non esiste

> «Ha bisogno d'amore come una carpa
> ha bisogno d'acqua sul tavolo di cucina.»
> GUSTAVE FLAUBERT, *Madame Bovary*

La ragazza dagli occhi viola

Era l'estate del '93. Totò Riina era stato arrestato da qualche mese, Ariana Grande aveva un mese di vita e Max Pezzali cantava: «*Come mai, ma chi sarai, per fare questo a me*».

Io avevo sedici anni. Scuola appena finita, zero materie a settembre. Per la prima volta, stavo per andare una settimana al mare, da solo, con il mio migliore amico. Un sogno!

Già me l'immaginavo: i bagni al tramonto, le camminate di sera, e soprattutto: *le ragazze*. Sentivo che stava per succedere finalmente qualcosa, che il destino era pronto a svoltare e farmi arrivare al tanto agognato momento clou: quello in cui le mie labbra avrebbero incontrato quelle di una ragazza. Già: a sedici anni non avevo ancora dato il mio primo bacio. A tutti raccontavo che era perché non avevo incontrato quella abbastanza speciale, ma la vergognosa verità era che ancora nessuna c'era mai stata, con me.

La prima uscita non andò benissimo. Io e il mio migliore amico – che si chiama Enrico, come me – riuscimmo anche a parlare per un paio di minuti con due ragazze che passeggiavano per il centro, ma non superammo appunto la soglia dei due minuti perché, alla domanda: «Quanti anni avete?» ci venne la malsana idea di rispondere sinceramente e – loro avevano diciotto anni, io sedici ed Enrico quindici – dopo aver rivelato la nostra età, notammo un drastico calo del loro già scarso entusiasmo. Pochi secondi ancora e notammo anche un drastico calo della loro presenza davanti a noi, nel senso che si erano dileguate.

Le premesse non erano le più promettenti, insomma, e

per consolarci andammo a fare qualche partita in sala giochi.

E lì, un'apparizione.

Una creatura di un'altra galassia, un angelo dai capelli biondi e dagli occhi di un blu così intenso da sembrare viola. Come la vidi, sentii le gambe iniziare a tremare. Assomigliava in tutto e per tutto alla ragazza dei miei sogni. Basta, l'avevo trovata. Fine della ricerca, ragazzi. Io scendo qui.

Da quella sera in poi non andammo più da nessun'altra parte, solo alla spiaggia che lei frequentava di giorno e alla sala giochi la sera: feci spendere così tanti soldi al mio amico in videogiochi che credo abbia vissuto nell'indigenza per i mesi successivi. Solo che, ovviamente, il coraggio di andare lì a presentarmi non ce l'avevo neanche nella mia immaginazione. Lei stava sempre in mezzo alle sue amiche e amici. Cosa facevo? Andavo lì e dicevo: «Ehi, ciao, scusa il disturbo, volevo sapere se possiamo fidanzarci, o anche solo prendere un gelato insieme!».

Così optai per la tattica in cui ero un vero maestro: aspettare e fantasticare.

Bene: a forza di aspettare e fantasticare, arrivai all'ultimo giorno. La settimana di vacanza era finita, il giorno seguente una corriera mi avrebbe riportato a casa. Addio ragazza dagli occhi viola, senza neanche aver mai saputo il tuo nome! Così quando alle undici la vidi salutare le amiche per tornare al suo appartamento, feci un bel respiro e mi decisi: la seguii, mi avvicinai e, quando aveva già appoggiato la mano al portone d'ingresso, le piombai alle spalle e dissi: «Ciao!».

Lei fece un balzo dallo spavento. In effetti erano le undici di sera, stradina deserta, androne del suo condominio: come sia riuscito a evitare una denuncia, me lo chiedo ancora oggi.

Lei riprese fiato e mi rispose: «Ciao».

«Ehm... come ti chiami?»

«Valeria.»

«Ah.»

«E tu?»

«Io cosa?»
«Hai anche tu un nome?»
«Io? Ah, sì, certo, mi chiamo Enrico!»
La sua mano non si era ancora staccata dalla maniglia e io avevo già esaurito il mio repertorio: non sapevo più cosa dire.
«Bene», fece lei, «io andrei, allora.» E andò. Io tornai da Enrico, con il magro bottino di aver scoperto come si chiamava la ragazza dei miei sogni.
Cosa accadde poi? Tornato a casa, passai una settimana intera a insultarmi. Mi svegliavo e mi dicevo «cretino!». Mi guardavo allo specchio: «Idiota!». Così, tutto il giorno, tutti i giorni. Non era tanto il fatto di non aver mosso un dito per sei sere di fila, di non averla conosciuta meglio e di non essermi giocato neanche mezza possibilità con lei: quello che mi faceva rodere di rimpianto era che lentamente mi stavo già dimenticando il suo viso. L'avevo vista così poche volte, in fondo: non ero riuscito a imprimermelo bene nella memoria. Mi rendevo conto che, giorno dopo giorno, i contorni si perdevano, diventavano più sfumati e indefinibili. Alla fine non stavo male per la figura da scemo sotto il suo androne o per essere riuscito, in sei sere, a chiederle solo il suo nome, ma perché non avevo neanche una sua foto.
E fu lì che mi dissi: be', *carpe diem*!
Il sabato successivo, scappai da lei. Dissi a mia madre che andavo a mangiare da Enrico, ma in realtà presi il motorino e mi feci quasi cento chilometri solo per andare lì, armato di macchina fotografica, a prendermi quello che la paura e l'imbarazzo mi avevano tolto: il ricordo di quei due occhi bellissimi. Avrei avuto una sua foto, così quel ricordo sarebbe rimasto per sempre con me!
Naturalmente, tutta l'energia che mi aveva permesso di architettare e mettere in pratica cotanto piano ingegnoso, iniziò a disperdersi a mano a mano che mi avvicinavo alla spiaggia. Quando fui lì, quando la vidi seduta sotto l'ombrellone, non c'era più traccia del coraggio che mi aveva fatto mentire a mia mamma ed esporre al rischio di restare

in punizione per un'estate intera. Così feci una cosa che ancora oggi, a quasi trent'anni di distanza, non posso non raccontare con un certo imbarazzo e un pensiero, fisso: "Ma davvero sei stato così scemo?".

Sì, la risposta è sì: sono stato così scemo.

Mi appostai dietro una sdraio, tipo paparazzo. L'idea era questa: "Ma sì, ora le faccio giusto un paio di foto da qui, nel caso poi non avessi il coraggio o l'occasione di chiedergliele dal vivo...".

Clic! Clic! Clic!

Scattai quattro o cinque foto, da dietro la sdraio. Vicino abbastanza da vederla, lontano a sufficienza da non essere notato. Poi, soddisfatto di aver almeno messo in saccoccia qualche foto che mi avrebbe aiutato a ricordarla, me ne andai a pranzo da qualche parte, vicino al suo appartamento. Mi ricordo che verso le due del pomeriggio stavo passeggiando là sotto, un po' in ansia per la bugia raccontata a mia mamma e un po' in attesa che lei uscisse di nuovo per chiederle davvero una foto – questa volta – quando, svoltato un angolo, me la ritrovai di fronte. Da sola.

Le sorrisi.

«Ciao!» dissi. «Ti ricordi di me?»

Strano: lei non rispose al sorriso con un sorriso. Anzi, sembrava anche piuttosto seccata: perché mai? Che era successo?

«Tutto ok?» le chiesi.

A quel punto un fulmine scese dritto dritto a incenerire tutti i miei sogni d'amore: «Dammi quel rullino», mi disse, calma ma decisa.

«Eh?»

«Dammi il rullino», ripeté, «ho visto che mi facevi delle foto. Adesso mi dai il rullino!»

Mi trasformai in una statua. Una statua scolpita con la bocca semiaperta, il braccio a mezz'aria, la faccia da scemo immortalata per sempre. A quel punto ritrovai il coraggio che mi aveva fatto partire per quell'avventura e anche le parole che avrei dovuto dirle appena arrivato in spiaggia: «Veramente io... cioè, volevo solo avere un ricordo del tuo viso».

Ormai era troppo tardi, perché lei non mi fece neanche finire e mi disse, per la terza e ultima volta: «Dammi quel rullino!».

Ero spalle al muro: presi la macchina fotografica dallo zaino, estrassi il rullino e glielo diedi. Un secondo dopo lei sparì dalla mia vista. Fu il finale di una storia d'amore mai nata, sbocciata solo nella mia testa e franata rovinosamente su un rullino e su una foto che non ebbi mai.

La cosa davvero folle di tutta questa storia non fu tanto il mio essermi trasformato in uno stalker da spiaggia né la situazione metà grottesca e metà romantica di un ragazzo scappato di casa solo per fare una foto a una ragazza semisconosciuta o l'assurdo dialogo sulla restituzione del rullino. La parte paradossale – ora che è passato tutto questo tempo la vedo molto bene – fu che per mesi e mesi continuai a pensare a lei. A fantasticare su Valeria, questa mitica ragazza con cui avevo scambiato dodici parole in tutto e di cui mi ricordavo solo il dettaglio degli occhi talmente blu da sembrare viola. Non solo: le scrissi poesie, le dedicai alla radio la canzone: «*Aeroplano che te ne vai, lontano da qui, chissà cosa vedrai*». Una sera – giuro che l'ho fatto davvero – chiamai una trasmissione in cui si lasciavano messaggi in segreteria, nella speranza che l'ascoltasse anche lei, e registrai dei versi strappalacrime che perfino il deejay si commosse ascoltandoli.

Pensavo così tanto a lei che l'anno successivo tornai al mare, dritto alla sala giochi per cercarla: volevo dirle tutto quello che non ero riuscito a dirle ed ero così deciso a farlo che, non avendola trovata, chiesi in giro a negozianti, baristi, camerieri: «Conoscete una certa Valeria, bionda, occhi viola?». Altro che Orlando e Angelica, altro che Apollo e Dafne, altro che chiacchiere. Quello fu l'inseguimento d'amore più epico della storia e, incredibilmente, dopo ore di ricerca una commessa mi disse che lei sì, la conosceva! Mi disse il suo cognome e da dove veniva, il mio angelo, il mio sogno. Ora sapevo di dov'era e la cercai sull'elenco del telefono di quella città. La trovai, le scrissi una lettera, una lunga lettera in cui le spiegavo perché mi ero comportato così da stupido. Una lettera, infine, in cui le chiedevo per l'ultima volta quella famosa foto: solo per me, solo per avere un ricordo del suo viso.

Mi rispose. Rimanemmo in contatto. Un anno dopo ancora, era l'estate del '95, lei venne al mare. Via lettera le chiesi se ci potevamo vedere un pomeriggio. Lei disse sì, che potevamo bere qualcosa insieme. Io lavoravo in un ristorante a una quindicina di chilometri da lì, e me li feci tutti in bicicletta per incontrarla, su una Graziella scassata. Infine arrivai, ci conoscemmo, parlammo, questa volta sul serio: dopo due anni, una fuga di casa, l'equivalente di mezza tappa del Giro d'Italia in Graziella, un rullino perso, canzoni dedicate, ascoltate e riascoltate, solo allora feci la più terribile delle scoperte.

Valeria mi stava letteralmente, palesemente, indubitabilmente sulle palle.

Non la sopportavo! Antipatica come poche altre ragazze conosciute in vita mia. Dopo cinque minuti di dialogo volevo scappare. Avevamo meno cose in comune io e lei che Kant e un ornitorinco. La foto la feci, sì, più che altro per mettere la parola fine a un romanzo durato troppe pagine, ma è una foto che in sé riassume tutto il ridicolo di quella storia: siamo io e lei uno a fianco all'altra, neanche ci sfioriamo, e l'espressione di entrambi i nostri visi è un'eloquente trasposizione fisiognomica di queste parole: "Ma che cacchio ci faccio qui?".

Per anni me ne sono chiesto il motivo. Come è stato possibile aver costruito tutte queste fantasie su una ragazza, essermi anche messo nei guai pur di avere un suo ricordo, salvo poi scoprire di non averci nulla a che fare? Poco tempo fa ho scoperto che quella storia contiene la radice di tutti i miei più grandi sbagli in amore. Valeria, i suoi occhi viola, il rullino e tutta quella faccenda, insieme a tutte le volte che avrei ripetuto lo stesso tragico errore correndo dritto dentro i burroni delle mie più grandi disfatte amorose, erano inscritti in un cartone animato che si chiamava *L'incantevole Creamy*.

«L'incantevole Creamy» e «Madame Bovary»

Ci si può innamorare di un cartone animato? Voglio dire, non solo diventarne un grande fan, ma arrivare addirittura a emozionarsi davanti al televisore, come davanti a una persona vera? Credo di sì, visto che è esattamente quello che accadde a me, quando in quarta elementare iniziarono a trasmettere alle otto di sera un cartone all'epoca nuovo, *L'incantevole Creamy,* appunto.

Fu amore a prima vista.

Il fatto è che dentro di me non riconoscevo alcuna differenza fra Creamy e una persona in carne e ossa: anzi in qualche modo Creamy mi sembrava anche *più reale* di molte bambine che conoscevo, sebbene avesse i capelli di un improbabile color lilla e cantasse con la voce di Cristina D'Avena. Mi perdevo davanti alle immagini colorate, a quegli occhioni grandi e, a nove anni, rivolgevo a un essere di celluloide le mie più intense vibrazioni d'amore prepuberale.

Poi, non ho più smesso.

Ecco qual è stato il più grande errore in tutte le mie storie d'amore, dall'adolescenza fin quasi ai quarant'anni: vedevo una ragazza e perdevo la testa, ma non per *lei,* bensì per *l'immagine che mi costruivo di lei.* Amavo un essere di celluloide che esisteva solo nella mia testa, e in quell'essere ci mettevo tutto quello che desideravo, e lo facevo così bene, lo immaginavo con così tanti dettagli, che poi per me diventava tutto vero: più vero della stessa realtà.

Ora capisco cosa intendesse Flaubert quando, messo alle strette sulla vera identità di Emma Bovary, il personaggio del suo romanzo più famoso che tradiva il marito per inseguire il proprio ideale d'amore, avrebbe risposto: «*Madame Bovary, c'est moi!*», perché Madame Bovary sono stato anche io, ogni volta che ho incrociato un paio di occhi e ci ho voluto vedere dentro la ragazza dei miei sogni, tutte le volte che ho idealizzato senza ritegno e senza sosta, tutte le volte che non ho amato chi avevo davanti, ma solo quello che i miei occhi vedevano.

Non è un caso che io, tutta quella fatica e quel rischio, me li fossi presi non per Valeria, ma *per avere una sua foto.*

Ogni volta che è successo, ogni volta in cui ho passato il timone alla mia fantasia, è stata tragedia pura, perché inevitabilmente prima o poi la realtà si presenta all'appuntamento con il sogno, e se sogno e realtà sono due pianeti diversi il rischio è quello di farsi male, proprio come con Valeria e quel gelo nella nostra foto insieme sulla spiaggia. Ma mentre Valeria fu solo una specie di gioco, quando il gioco si è fatto duro, quando non si è parlato più solo di foto o di poesie alla radio ma di storie vere, con persone vere, ho visto quanto è labile il confine tra fantasia e bugia. Quanta poca distanza ci sia fra illudersi e mentire a sé stessi. Quanto poco amore sia, amare come amavo io.

Perché solo ora mi rendo conto che il torto più grande, quando ami così, non lo fai a te stesso, ma a chi hai di fronte. Non lo fai proprio apposta, ma idealizzare è un po' come dire: "Vorrei che tu fossi diversa".

E "vorrei che tu fossi diversa" è la definizione, esatta e precisa, di cosa l'amore *non è*.

Quando camuffi le carte per trasformarle in una mano vincente, perdi. Anche se ti fa star bene, anche se ti credi felice. Perché le mappe si possono imbrogliare, correggere, a volte anche riscrivere da zero, ma se lì c'è una montagna non c'è un mare, se quello è un deserto è stupido cercarci un fiume. Vedere il mare dove c'è una montagna, il fiume dove c'è un deserto, è solo un altro modo per dire che non ti piace quel posto.

Una volta un mio professore all'università, che si chiama Umberto Galimberti, disse che non esiste amore senza almeno un po' di idealizzazione, che tutti quando ci innamoriamo vediamo nell'altro cose che in realtà sono dentro di noi. Forse è vero, ma parlando d'amore il più grande errore che ho fatto è stato quando mi sono innamorato così tanto di un ideale da dimenticarmi cosa significa, davvero, amare.

14.

LE FARFALLE E IL GIARDINO

L'errore di dimenticarti chi sei

«Non si ricordano i giorni, si ricordano gli attimi.»
CESARE PAVESE, *Il mestiere di vivere*

Questa storia parla di diciassette anni di fallimenti.

Quando la racconto ai miei studenti, di solito commentano: «Seee, certo, come no, lo dice solo perché è un prof!», ma il fatto è che è vero: a me, la vita, l'hanno cambiata prima una poesia e poi un sogno. Un sogno di quelli che si fanno di notte, proprio.

Va bene, lo ammetto, c'è anche una parte di questa storia che solitamente ometto, perché farebbe subito precipitare l'aspetto intellettuale e figo della cosa: quella poesia non l'ho trovata in un libro, magari mentre ero assorto in profonde riflessioni filosofiche, ma l'ho ascoltata in macchina, andando a scuola, alla radio, letta da Fabio Volo. Non so quanto potrei sembrare figo, agli occhi di molti che credono di sapere che cosa voglia dire essere "intellettuali", se dicessi che in sostanza la vita me l'ha cambiata Fabio Volo un giorno in cui ero in ritardo per andare a scuola.

Me l'ha cambiata perché ho scritto il mio primo romanzo a ventidue anni, alla fine del 1999, e da lì al 2014, ne ho scritti altri quattro. Ogni volta che ne finivo uno, partiva una fantastica routine che prevedeva alcune semplici azioni: io che vado dal mio migliore amico a farne copie su copie, scrivo la mia bella letterina di presentazione, scelgo le case editrici secondo me più adatte a quel romanzo e, infine, pieno di speranza, prendo quei pacchi pieni di parole e di storie e li spedisco, per poi restare mesi e mesi in attesa di una risposta, una telefonata, un cenno qualsiasi. Le prime volte, dato che non avevo neanche la patente, a spedire quei pacchi ci andavo in motorino o in bicicletta: delle gran corse, su e giù, convinto che prima o poi qualcuno si sarebbe accorto che quella roba aveva del potenziale, che se ne sarebbe potuto tirare fuori un bel romanzo e che chi l'aveva scritto era un giovane e promettente autore sconosciuto. Certo, come no. Mentre favoleggiavo dentro di me sul destino di quei manoscritti, il tempo passava. I mesi passavano. Gli anni. Dopo cinque romanzi mi misi anche a fare qualche calcolo, per pura curiosità statistica, e scoprii che ogni volta facevo circa venti copie di quello che avevo appena finito di scrivere. Venti per cinque fa cento, quindi vuol dire che in vita mia ho ripetuto l'azione FLS (Fotocopia-Lettera-Spedisci) all'incirca un centinaio di volte.

Bene: quante risposte ho avuto, in tutto?

Venti. Una su cinque, non è così male dai! Certo, peccato che diciannove su venti fossero delle e-mail che si assomigliavano tutte e che poi, tempo dopo, scoprirò essere delle comunicazioni standard che le case editrici mandano a raffica quando si verificano uno di questi due casi: a) non hanno tempo di leggere e quindi non hanno nemmeno raggiunto il significativo traguardo di pagina 2; b) hanno raggiunto pagina 2, ma già da lì hanno capito che quel libro gli interessa meno delle abitudini alimentari degli Yoruba del golfo di Guinea. Così, quando accadono a) o b), ti scrivono il messaggio copincollato ad altre migliaia di aspiranti autori come te:

> La ringraziamo per averci sottoposto il Suo manoscritto. Purtroppo però non rientra nei nostri progetti editoriali.

Quindi, su cento, novantacinque non risposte o risposte parafrasabili con: "E tu chi cavolo sei?".

E le altre cinque? Be', le altre cinque erano e-mail in cui mi si spiegava – brevemente, *molto* brevemente – perché quello che avevo scritto non stava in piedi, non funzionava e perché non ne volevano sapere. Son soddisfazioni!

Dopo quei cento tentativi, con interi armadi di camicie sudate per tutte le corse dietro al sogno di pubblicare un romanzo, mi imbattei in quella poesia. Ricordo anche esattamente il momento in cui l'ascoltai: stavo per scendere dalla macchina per entrare in classe, quando la voce di Fabio Volo lesse queste parole di un poeta che non conoscevo e che si chiama Mário Quintana:

Il segreto non è prendersi cura delle farfalle,
ma prendersi cura del giardino, affinché le farfalle vengano [da te.
Alla fine troverai non chi stavi cercando,
ma chi stava cercando te.

Ecco dove stavo sbagliando! Ecco qual è stato il mio errore, perpetuato negli anni, quindici per esattezza, circa cento volte, cento FLS, *fotocopia-lettera-spedisci, fotocopia-lettera-spedisci, fotocopia-lettera-spedisci*... Io per una vita a caccia di farfalle, con il mio bel retino, su e giù, vai di qua, prova, corri di là, chiedi, bussa, scongiura, per poi tornare a casa ogni sera con zero farfalle nel retino e la sensazione che sarebbe stato sempre così, amici e conoscenti che pubblicavano libri per case editrici prestigiose e io con le mie belle e-mail copincollate, cassetti pieni di storie che nessuno aveva voglia di leggere, farfalle che non ne volevano sapere di me.

Ecco che cosa dovevo fare: smetterla di andare a caccia di farfalle e prendermi cura del mio giardino! E lì, dentro la mia macchina, più vicino ai quaranta che ai trenta, mi chiesi: qual è il mio giardino? Qual è quel posto che è il mio posto, il mio piccolo fazzoletto di terra da curare, quello in cui io sono io? La risposta era facile, perché ce l'avevo a pochi metri da me.

Il mio giardino

La scuola, i miei ragazzi, le mie ragazze. Era quello il mio giardino, e raccontarlo era tutto ciò che dovevo fare: raccontare la polvere di gesso che ti resta sulle mani, gli occhi spauriti della ragazzina del primo banco, l'istante di gelo di quando il prof fa una battuta e tutti lo guardano seri, la risata trattenuta di quando l'insegnante spiega e il compagno ti fa ridere, le merendine mangiate di nascosto sotto il banco, momenti piccoli, niente di che, ma era quello il mio giardino.

Giorno dopo giorno, mi misi a descrivere che cosa succedeva in classe, quando accadeva qualcosa di bello, di importante o che mi colpiva in qualche modo. Iniziai a curare il mio giardino pubblicando dei semplici post, qua e là: all'inizio venivano in due, magari in tre, a leggere quello che scrivevo, quasi sempre colleghi o amici; dopo un paio di settimane, erano quattro o cinque; poi qualcuno iniziava a condividere la mia roba e allora venivano a leggermi anche persone che non conoscevo, e via via sempre di più, sempre di più. Il mio bel retino se ne stava chiuso nel ripostiglio e il mio giardino si popolava di farfalle.

Poi è successa una cosa. Ho fatto un sogno.

Quando andavo a scuola io, a diciassette anni, c'era questo tipo che ce l'aveva con me: era una storia di ragazze, ci piaceva la stessa, e lui voleva marcare il territorio marcando me di pugni. Il fatto è che il tizio in questione era alto il doppio di me e anche se dal vero non mi faceva così paura, negli anni ho continuato a sognarlo, ogni tanto: veniva a trovarmi nei miei incubi e anche lì voleva marcarmi di pugni. L'ultima volta che l'ho sognato è stata una notte delle vacanze di Natale del 2014. Di nuovo, nel sogno, arriva lui, aggressivo e pronto allo scontro, ma sul più bello si mette in mezzo fra noi due una mia studentessa, Eleonora, che nel sogno si arrabbia di brutto e gli urla: «Tu non lo picchi il mio prof! Tu non lo picchi il mio prof!».

Mi svegliai di colpo, nel mezzo di questa scena, con dentro una sensazione piacevole, come se fosse accaduta davvero, e, lucido come se fossi sveglio da ore, pensai una cosa che non c'entrava niente col sogno, ma che in qualche modo da quel sogno mi fu suggerita: "Ehi, forse potrei fare dei video, su quello che succede a scuola! Sì, il mio giardino potrei non raccontarlo solo con le parole, ma anche con le immagini. Soprattutto la parte più divertente, le facce che facciamo noi insegnanti, quelle degli studenti, le scene che si ripetono ogni giorno in ogni classe, prendermi e prenderli un po' in giro!". Subito mi venne in mente il primo video che avrei girato, per descrivere una delle sensazioni più atroci del nostro lavoro: il momento bellissimo in cui arrivi a scuola forte di un intero pomeriggio passato sui libri a preparare la lezione, perché vuoi che sia una lezione stupenda, che i ragazzi non dimentichino mai. Perché lo fai? Non certo – o non solo, almeno – per conquistare gli occhi dello studente del primo banco, quello sempre attento e diligente; no, lo fai perché il tuo scopo, la tua missione, è risvegliare un barlume di interesse nel ragazzo che se ne sta tutta l'ora rintanato dietro lo zaino, all'ultimo banco, quello che della tua materia se ne frega, quello che non ti ascolta mai! Così vai lì, entri in classe, e sei anche in forma, la lezione ti riesce alla grande, effetti speciali, slide, canzoni, video, tutto perfetto. A un certo punto ti accorgi che sta funzionando, che lo studente dell'ultimo banco alza la testa dai gomiti e ti guarda, ti sembra perfino di intravedere una lucetta nei suoi occhi e poi, aspetta... cosa sta succedendo? Sul serio? Sta alzando la mano? Vuole farti una domanda! Incredibile, ce l'hai fatta, ti senti il professore migliore sulla faccia della terra, altro che John Keating! Allora gli dai la parola, non vedi l'ora di scoprire che cosa vuole chiederti e poi: «Posso andare in bagno?».

La prima cosa che feci, appena tornati dalle vacanze, fu di intrufolarmi in una classe vuota mentre i ragazzi erano in palestra, con la mia bella telecamerina da cento euro, senza neanche un cavalletto, la tenevo appoggiata su un astuccio, inclinata alla bell'e meglio, facendo sia la parte dello studente sia quella del prof. Poi a casa, di notte, mi misi a montare quello che avevo girato e, qualche giorno dopo, lo pubblicai sui social. Era fondamentalmente un gioco, un modo per ridere di me e di loro, per far vedere che anche gli insegnanti conoscono questa cosa misteriosa che è l'ironia, ma quello che accadde dopo fu pazzesco: il mio giardino si riempì di farfalle. Il video venne condiviso da insegnanti, studenti, genitori, dirigenti scolastici. E così per tutti gli altri video che feci: sempre più farfalle. Io intanto continuavo a scrivere, perché sentivo che prima o poi nel mio giardino sarebbe arrivata anche la farfalla che aspettavo da quindici anni. Che arrivò, una sera di gennaio.

Avevo appena finito di rimettere a posto uno dei cinque romanzi scritti negli anni precedenti: volevo farmi trovare pronto – "Non si sa mai", pensavo. Mi ricordo che quella sera stavo pigramente gironzolando fra i messaggi di Messenger, nella casella ALTRO, dove finivano di solito i messaggi delle persone che non erano tue amiche. Il più delle volte provenivano da oscuri sconosciuti con cognomi stranieri che ti volevano proporre in moglie la figlia, o anche da ragazze incredibilmente attraenti e formose che volevano proporti in moglie sé stesse. Così, fra una proposta di matrimonio e l'altra, mi imbattei nel messaggio di una persona che non avevo mai sentito nominare. Era l'editor di una delle più importanti case editrici italiane e mi stava chiedendo se avevo voglia di scrivere un romanzo per loro.

Capito? Me lo stava *chiedendo.*

Corsi fuori dallo stanzino, in pigiama, urlando non so cosa alla mia ragazza che all'inizio pensò fosse successo qualcosa di brutto. Insieme a me, dentro il mio pigiama, c'erano il bambino che scriveva poesie in seconda elementare, il ragazzo che in un tema di terza superiore scrisse di voler scrivere nella vita e quello che saliva sul motorino a spedire manoscritti, tutti insieme, a contemplare l'istante in cui la farfalla che avevano sempre inseguito si stava posando sul palmo della mia mano.

Ma le farfalle sono ovunque

Quella poesia non cambiò solo la mia prospettiva sui libri e al mio sogno di scrivere. Molto presto mi accorsi che il principio che stava alla base di quei versi si può applicare più o meno a ogni aspetto della vita. E che io, quindi, era una vita che stavo sbagliando.

Amicizie, amori, lavoro: mi accorsi che da troppo tempo avevo sprecato forze ed energia a dare la caccia alle farfalle, per poi tornare a casa ogni sera e scoprire di avere il retino vuoto. Mi resi conto di ciò che accomunava la poesia di Mário Quintana e due meravigliosi versi di Fabrizio De André:

A quella gente consumata nel farsi dar retta
un amore così lungo, tu non darglielo in fretta

Anch'io ero fra loro, anch'io ero fra la gente consumata nel farsi dar retta, correvo di qua e di là per raccattare qualche briciola di amore e di attenzioni, mentre nel frattempo da qualche parte c'era un giardino incustodito in cui l'erba stava crescendo alta e i fiori stavano appassendo. Perché è questo che facevo, questo che facciamo, molto spesso: pur di dare al mondo quello che il mondo sembra chiedere, ci dimentichiamo di noi. Lavoriamo, sudiamo, pedaliamo per inseguire un qualche ideale, per metà quello che vorremmo essere e per metà quello che il mondo vorrebbe che fossimo, scordandoci alla fine delle cose che sono davvero importanti per noi. Non me ne rendevo conto, ma ero rimasto così a lungo lontano dal mio giardino che stavo per dimenticare la strada del ritorno, un po' come accade al giovane principe del racconto di Dino Buzzati *I sette messaggeri* che, partito alla ricerca dei confini del suo regno, percorre così tanta strada da non provare più alcun desiderio di fare ritorno alla sua città natale.

Quella poesia mi parlava del grande errore che facevo nelle amicizie quando mi creavo una maschera che non mi assomigliava: pur di essere accettato, accettavo di non essere me stesso.

Quella poesia mi parlava del grande errore che avevo fatto inseguendo fino allo spasimo alcuni dei miei amori, correndo dietro a farfalle che si divertivano a entrare e uscire dalla mia rete, conoscendo dell'amore solo la proprietà intransitiva, amavo non riamato – e più non ero amato più amavo –, per capire molto più tardi che amare è un verbo transitivo. Che assomiglia allo stare più che al correre. Che ami davvero quando vuoi restare con qualcuno. Che sei amato quando qualcuno, qualsiasi cosa succeda, resta con te.

Quella poesia mi parla ancora, tutti i giorni, perché quell'errore, come tutti gli errori, è sempre in agguato, è sempre pronto a farsi rifare, c'è sempre qualcosa che ti attira fuori dal giardino, che ti seduce e ti fa credere che le farfalle più grandi siano in qualche posto lontano. Ma se c'è una cosa che ho capito di quella poesia è che non è, tanto, quanto sono grandi le farfalle. Ma, piccole o grandi, tante o poche che siano, quanto hanno voglia di restare con te.

15.
NOI SIAMO INFINITO
L'errore di aver paura della felicità

«Hakuna matata!»
TIMON, *Il re leone*

Forse alla fine ho capito, perché.

Perché a otto anni ho buttato via quel pallone al decimo palleggio. Perché ho detto a Marta che volevo solo essere suo amico. Perché ho sepolto il mio sogno di insegnare dopo poche semplici parole del mio professore all'università. Perché, infine, ho chiuso nel cassetto per anni i miei romanzi e mi sono messo a scrivere roba che non mi piaceva scrivere.

L'ho capito quando l'altro giorno mi sono ricordato di una scena di un film.

Accettiamo l'amore che pensiamo di meritare

Il film era *Noi siamo infinito.* Il titolo originale del film è *The Perks of Being a Wallflower*, che significa più o meno: "I lati positivi dell'essere una carta da parati". Si riferisce al fatto che Charlie, il protagonista, è un ragazzo molto timido che alle feste sta sempre con la schiena appoggiata al muro, da solo, tanto da diventare tutt'uno con la carta da parati. Be', il film l'ho visto qualche anno fa, ma come spesso succede la vita ti lascia intravedere le risposte che cercavi, solo che tu lo realizzi e le ascolti solo molto tempo dopo. Qualche giorno fa mi sono ricordato di quella scena, di quando Charlie è in classe da solo col suo prof di inglese, ha bisogno di sfogarsi con lui perché la ragazza che gli piace sta insieme a un tipo che la tratta malissimo, le dà sempre buca agli appuntamenti, forse la tradisce anche, e così Charlie fa al suo prof una domanda che tutti ci siamo fatti almeno una volta nella vita: «Perché capita che le persone carine escano con le persone sbagliate?».

A quel punto il professore, il signor Anderson, dice una frase sola, brevissima, che contiene la risposta che stavo cercando da quando avevo otto anni: «Accettiamo l'amore che pensiamo di meritare».

Accettiamo.

L'amore.

Che pensiamo.

Di meritare.

Lì dentro c'era tutto me: era esattamente quello che mi era successo, tutte le volte in cui ho ripetuto quello stupido errore di buttare via la palla al decimo palleggio. Perché alla parola amore se ne può sostituire qualsiasi altra: accettiamo il *lavoro* che pensiamo di meritare, accettiamo la vita che pensiamo di meritare, accettiamo la *casa*, gli *amici*, il *destino* che pensiamo di meritare. Da qualche parte nella mia testa si era impressa l'idea che io fossi uno da dieci palleggi: non di meno, ma neanche di più. Da qualche parte dentro di me avevo deciso che una come Marta era troppo bella: tutti impazzivano per lei, tutti la desideravano, e io non potevo averla. Lo stesso per il sogno di insegnare o di scrivere: è arrivato qualcuno e mi ha detto che era troppo per me, o che non era il mio campo, e io gli ho creduto subito, ho mollato, ed ero io stupido, non loro cattivi o poco lungimiranti, a non notare che forse avevo la stoffa per insegnare e per scrivere. Mi sono fatto bastare poche parole di scoraggiamento: ho rinunciato, per andare dritto e fiero a prendere il mio posto tra l'ottanta per cento di infelici che ci sono al mondo.

Ma quando è successo? Quando è accaduto che nella mia testa si è impiantata quell'idea così stupida? Quando ho deciso che non avrei potuto meritare l'amore che volevo e il futuro che volevo?

Il videoregistratore rotto

C'è questa scena, nella mia infanzia. Un tizio ogni tanto suonava alla nostra porta, entrava, buttava giù una lista delle cose che avevamo in casa, quelle che avessero un qualche valore, poi ne prendeva una o due e se ne andava. Una specie di ladro, ai miei occhi, anche se era tutto il contrario di un ladro, perché lo mandava il tribunale. Si chiamava ufficiale giudiziario, ed era stato a casa nostra già un paio di volte, non mi ricordo cosa si fosse portato via, di sicuro una scrivania, ma non ricordo cos'altro.

Bene, adesso mettete in un cassetto questa scena perché fra poco ci servirà di nuovo.

Erano gli anni Ottanta, il videoregistratore era da poco diventato un oggetto di massa. In effetti, quando apparve sul mercato ci sembrò pazzesco: potevi vedere dei film a casa, quando volevi tu, senza aspettare che li dessero al cinema o in TV! A noi ragazzi di quegli anni ha fatto più o meno lo stesso effetto della commercializzazione dell'iPhone negli anni Duemila: tutti lo volevano, e logicamente anche io e mio fratello. Riuscimmo a convincere i nostri genitori a comprarne uno a rate, e ricordo la gioia incontenibile di vedere e rivedere i miei film preferiti, primo fra tutti *Ritorno al futuro*, rivisto tutti i pomeriggi per almeno un paio di mesi. Peccato che però poi il videoregistratore, che forse non era di qualità eccelsa, si ruppe: ci mettevi una cassetta e se la masticava rumorosamente, restituendo il nastro tutto sfilacciato. Così fummo costretti a staccare la spina e, con una lacrimuccia di nostalgia, lo portammo in cantina, dove rimase per mesi.

Dopo quasi un anno, però, mio fratello fece una cosa strana.

«Ehi», mi disse, «vieni giù in cantina con me, andiamo a prendere il videoregistratore!»

«Rudy, ma sei scemo? Che te ne fai, è rotto!»

Lui mi fece cenno di fare silenzio e di seguirlo. Rovistammo un po', lo trovammo e lo portammo su. Una volta in salotto, lo spolverò per bene, mentre io pensavo che fosse impazzito. Dubbio che diventò certezza quando gli vidi attaccare la spina del videoregistratore e sintonizzare il display dell'orologio sulla data e l'ora giusta.

«Rudy, tutto bene? Cosa ti serve mettere l'ora, non vedi che abbiamo già un orologio lì sulla parete?»

Lui di nuovo mi fece cenno di non parlare.

Qualche giorno dopo, suonò il campanello di casa nostra. Chi era? L'ufficiale giudiziario. Si fece il suo bel giretto a vedere cosa c'era e l'occhio gli cascò sul videoregistratore. Non ci poteva credere! L'oggetto perfetto, piccolo, maneggevole, di valore! Staccò la spina davanti ai nostri occhi, lo prese sottobraccio, ci salutò educatamente e si chiuse la porta di casa nostra alle spalle.

Davanti a quella porta chiusa, io, mio fratello e il più grande gesto dell'ombrello mai fatto a memoria d'uomo.

Hakuna matata

Ma cosa c'entra la storia del videoregistratore con i dieci palleggi e con «accettiamo l'amore che pensiamo di meritare?». O meglio: c'entra davvero? Sì, tantissimo. Anzi, è tutto lì.

Ancora non lo potevo sapere, ma mio fratello quel giorno mi aveva insegnato una cosa importantissima: la capacità di ridere di fronte alle cose che vanno male. Un'arte molto difficile, ma che se viene imparata può diventare l'arma più potente contro il dolore e la sfortuna. Sì perché solo molti anni dopo ho scoperto che saper ironizzare anche nelle situazioni più difficili è proprio ciò che ti permette di superarle.

Il principio è contenuto nell'importante trattato di filosofia rappresentato dall'espressione swahili *Hakuna matata*, resa famosa in tutto il mondo da un suricato di nome Timon e da un facocero di nome Pumbaa, che lo insegnano al cucciolo Simba nel cartone animato del 1994 *Il re leone*. *Hakuna matata* significa "senza pensieri", ed è il modo con cui i due animali affrontano la vita e le avversità: con il sorriso e con ironia. *Hakuna matata*, però, nel suo essere un insegnamento prezioso, può nascondere una grande trappola, che è poi la stessa che trattiene inizialmente Simba dal rispondere al richiamo del suo destino, quando la sua amica leonessa Nala lo trova e lo spinge a tornare per affrontare l'eterno nemico Scar e riprendersi il trono che gli spetta di diritto. Nala si arrabbia con lui, non capisce perché fugga dalle sue responsabilità, e lui si scrolla di dosso tutte le accuse con queste parole:

NALA – A casa abbiamo bisogno di te.
SIMBA – Nessuno ha bisogno di me.
NALA – Sai che non è vero. Tu sei il re!
SIMBA – Nala, te l'ho già detto, non sono io il re! Scar è il re!
NALA – Simba, lui ha permesso alle iene di impossessarsi delle Terre del branco. Hanno distrutto ogni cosa! Non c'è più cibo, non c'è più acqua... Simba, se non farai qualcosa moriranno tutti di fame!
SIMBA – Non posso tornare.
NALA – Perché?
SIMBA – Non capiresti...
NALA – Che cos'è che non capirei!
SIMBA – No, no, non ha importanza, *hakuna matata*!
NALA – Cosa?
SIMBA – *Hakuna matata!* È una cosa che ho imparato qui. Senti, a volte succedono delle cose terribili, tu non puoi farci niente per evitarle, perciò: perché preoccuparsi?

Saper fare *hakuna matata* ti può salvare in certi momenti, ma può anche cacciarti in un guaio ancora più grande: è quando ti convinci che va bene così, quando ti fermi a quel sorriso, quando non usi l'ironia per combattere ciò che ti fa male, ma solo per allontanarlo, per seppellirlo dove non lo vedrai. Per vivere tranquillo, e scappare dalla chiamata del tuo destino. Senza ansia, senza pensieri. Una trappola, appunto: e non si ha idea di quanto poco ci voglia perché diventi una vera e propria prigione, da cui più passa il tempo più è difficile uscire.

Da qualche parte nella mia infanzia, forse proprio quel giorno, si incastonò dentro di me come un diamante inscalfibile l'idea che, poiché vivevo in una famiglia in cui un tizio mandato dal tribunale ti entrava in casa e ti portava via le cose, non potevo sperare di andare molto lontano. Non sapevo di miei compagni di classe a cui fosse successo qualcosa di simile, mi sembrava che un dito invisibile mi indicasse, indicasse me e solo me e mi diceva che il mio posto era quello di Timon, in fondo alla catena alimentare, fra i perdenti nati, coloro che possono avere come massima aspirazione quella di pareggiare, e non di vincere. Fin da bambino ho iniziato a pensare che le cose sarebbero sempre andate così: che avrei meritato al massimo un amore di serie B, un lavoro di serie B, un destino di serie B, perché il trailer che la vita mi aveva fatto vedere lasciava presagire un film in cui il massimo della gioia era fare gesti osceni davanti a una porta chiusa e a un ufficiale giudiziario che se ne va.

Che dovevo puntare al pareggio. Solo a quello. Vincere era roba per gli altri.

Quell'idea fu l'errore più stupido di tutta la mia vita. Fatto e rifatto, decine di volte, fino ad arrivare a trent'anni e guardarmi allo specchio a chiedermi dove avessi sbagliato.

Adesso lo vedo, dove ho sbagliato. A puntare sempre sullo 0 a 0 per paura di vincere. Non sapendo che, se si parla di amore, di felicità, di destino, finire la partita sullo 0 a 0 è peggio, infinitamente peggio, che perdere.

L'ansia è buona

Fu allora che mi ricordai di quella sensazione strana. Bella. Piacevole. L'avevo provata l'istante dopo aver calciato via la palla nel parcheggio sotto casa. Oppure tornando a casa mia dopo aver liquidato Marta nella *friendzone*; e ancora, appena fuori dall'ufficio del mio prof e dopo aver accettato di scrivere il libro sui camerieri. Cos'era? Cosa c'era che mi faceva stare bene anche se erano tutti momenti in cui, in fondo, stavo vivendo un fallimento?

Calma, era. Ero *calmo*.

Era stupefacente, ma nell'istante esatto in cui rinunciavo, non ero triste, o frustrato, o arrabbiato, ma tranquillo. Ogni ansia se ne andava e lo stato d'animo che subentrava mi piaceva, mi faceva stare bene. Leggero.

L'ansia non è una bella sensazione. Per esempio: prima di un esame importante. Ti senti il terreno che si fa più molle, sotto i piedi, ti mancano i punti di riferimento, non sai come andrà a finire, hai una paura fottuta che vada male e la tua mente comincia a proiettare tutta una serie di film catastrofici che prevedono i peggiori risvolti e i finali più disastrosi, con professori che ti umiliano pesantemente o che fanno carta straccia della tua autostima. L'ansia non piace a nessuno, e può fare anche grandi danni, quando per esempio ti annebbia la mente e ti fa fare scena muta all'esame che hai preparato per mesi, o quando ti fa calciare alto il rigore nella finale, o quando ti fa dire la cosa sbagliata al momento sbagliato. Io ho trovato molto presto il più grande antidoto contro l'ansia, un antidoto non chimico né naturale che si chiama *rassegnazione.*

Rassegnazione è una parola strana: viene da *re-ad-signare* e significa "ritornare al segno", inteso come segno altrui. Chi si rassegna è chi si dispone al segno altrui, chi mette la propria volontà in mano alla volontà degli altri, abdicando alla propria. Quindi: chi rinuncia all'idea di avere il potere di influenzare il proprio destino.

Ecco perché Kierkegaard a un certo punto di un suo famoso libro dice quella frase oscura: «*L'ansia è la vertigine della libertà*».

Secondo Kierkegaard l'ansia (anche se viene spesso tradotto come "angoscia", il termine danese *angest* si può intendere in entrambi i modi) è il sentimento proprio degli uomini liberi. Il motivo è semplice: l'ansia nasce dal non sapere quale sarà l'esito di un certo evento e da come le nostre scelte lo condizioneranno. Solo gli uomini liberi hanno di fronte più scelte, più possibilità, mentre chi non è libero si deve rassegnare al volere altrui e, facendo così, a un finale già prestabilito.

Mentre la tranquillità è il sentimento dei rassegnati, l'ansia è l'emozione delle persone libere.

L'ansia non è buona solo perché è sintomo di libertà: è buona anche perché è prodotta dalla naturale attivazione di meccanismi del nostro corpo e della nostra mente, è una macchina perfezionata da millenni di evoluzione che serve a dare forza ai nostri muscoli, energia alle nostre idee. Per cui, anche se era un sollievo per me rifuggirla attraverso la rassegnazione, anche se può essere piacevole accoccolarci sorridenti sulle liane come Simba mentre Nala lo pungola, ho capito solo poco tempo fa che era un errore, e che l'ansia è uno dei modi che ha la vita per dirti una cosa importante: "Ricordati che sei ancora vivo!".

Per cui caro ragazzo e cara ragazza che stai leggendo.

Perché ti ho raccontato tutta questa storia? Perché ti ho preso per mano e ti ho fatto vedere tutti gli errori più stupidi che ho fatto in vita mia, soprattutto questo che è stato l'errore più grande?

Perché verranno anche da te. Se non sono già venuti. Molto probabilmente sarà un adulto, forse un insegnante, o magari un genitore, un parente, un amico. Qualcuno verrà da te e ti dirà queste semplici parole: «Lascia perdere». Oppure: «È troppo difficile per te». Oppure ancora: «Non sei abbastanza bravo per questo, non sei abbastanza intelligente». A quel punto, quando succederà, mi dovrai fare un favore, un grande favore: non fare il mio stesso errore. Non dargli ragione, non rassegnarti alla volontà di qualcun altro. Non fare come me, che ci ho messo anni a capirlo. Anni in cui mi sono condannato da solo a una vita tranquilla, ma infelice, a un noiosissimo 0 a 0, giocando sempre in difesa, mai in attacco. Un pareggio peggiore di qualsiasi sconfitta.

E questo è cambiato solo quando ho avuto il mio momento Rosa Parks.

Il momento Rosa Parks

Faceva freddo, quella sera di dicembre del 1955, quando Rosa Parks entrò nel suo autobus dopo un turno di quattordici ore a stirare. Era stanca e decise di sedersi. Tutto normale, se non fosse che si trovava a Montgomery, in Alabama, e che secondo la legge di quello stato le persone di colore non potevano usare i posti a sedere, se l'autobus fosse stato pieno, perché dovevano lasciare il posto ai bianchi. L'autista le fece notare che entro poco si sarebbe dovuta alzare, ma lei rispose con una semplice parola, un monosillabo di due lettere che cambiò la storia: «No», disse.

Il momento Rosa Parks è quando decidi di dire no a qualcosa che non ti va di fare. Ma non solo: è il momento in cui dici no davanti a un'ingiustizia; quando ti ribelli; quando non ti pieghi alla volontà di chi ti vorrebbe relegare in fondo al bus, mettendoti fra gli ultimi.

Credo che ognuno nella sua vita dovrebbe avere un momento Rosa Parks.

Io ci ho messo anni ad avere il mio, ed è stato precisamente un mattino di settembre del 2006. In quel periodo facevo il cameriere alla sera e di giorno davo una mano al mio migliore amico nella sua serra per raggranellare qualche soldo extra. Mentre stavo portando su e giù ciclamini, a un certo punto mi sono fermato col mio carretto, mi sono guardato intorno e ho detto: «No».

Non era quello il mio posto. Non ero io quello. Tornai a casa, di pomeriggio, e scrissi cinquanta lettere a tutte le scuole medie nel raggio di cento chilometri in cui mi mettevo a disposizione per una supplenza. Una settimana dopo, proprio mentre ero ancora lì a trasportare ciclamini, arrivò la telefonata che mi cambiò la vita: «Professor Galiano? Sarebbe disponibile per una supplenza di due settimane?».

Il ragazzo che voleva fare il pompiere

Quando verranno da te – perché verranno – allora, voglio che tu risponda una cosa sola: «No».

Perché l'unica persona che sa davvero cosa c'è scritto in fondo alla tua anima, l'unico che ha il diritto di dirti chi vuoi essere, sei tu. Nessun altro. Non gli insegnanti, non gli amici, e nemmeno i genitori. Loro possono darti qualche indicazione, qualche consiglio utile, ma chiunque ti dica di rinunciare al tuo sogno perché è troppo difficile, perché non sei adatto, perché non sei portato, sappi che mente. Chiunque ti spinga alla rassegnazione, ti tenti a una vita tranquilla senza scossoni, magari lo fa perché crede di volerti bene, ma in realtà ti sta indicando la via più diretta per finire dentro quell'ottanta per cento di infelici che ci sono là fuori.

Se per caso il pensiero che ti passa per la testa ora è: "Sì, tutto molto bello, ma io non ho idea di cosa voglio essere!", be', sappi che lo so, ti capisco perfettamente, perché è stato così anche per me. Ma molto tempo dopo ho scoperto che in realtà, quando ero un ragazzo, i segni che mi dicevano dove andare erano già tutti lì, disseminati dentro di me. Solo che io non avevo abbastanza forza, pazienza, coraggio per leggerli e per mettermi in cammino nella direzione che mi indicavano.

Quando avrai trovato la tua risposta – perché la troverai, prima o poi – ricordati ancora solo questa piccola storia, che è una storia vera raccontata dal grande insegnante e scrittore sir Ken Robinson.

Un giorno, dopo la presentazione di un libro a San Francisco, si presentò davanti a Ken Robinson un ragazzone molto alto per farsi firmare la copia. Faceva il pompiere. Così Ken Robinson gli chiese come mai aveva deciso di fare il vigile del fuoco e lui rispose che era quello che aveva sempre desiderato.

«In realtà», disse, «alle elementari è stato un problema perché a quell'età tutti i bambini vogliono fare i pompieri. Ma io volevo veramente diventare un vigile del fuoco e a mano a mano che crescevo non vedevo l'ora di finire la scuola per entrare nel corpo.»

All'ultimo anno delle superiori, però, si imbatté in un professore che provò a fargli cambiare idea: disse che doveva fare l'università, che era sprecato per fare il vigile del fuoco, e lui si sentì molto in imbarazzo, perché lo fece davanti ai compagni, lasciando intendere che il lavoro che lui voleva fare fosse un lavoro di basso livello. Quel ragazzone, però, non fece il mio stesso errore: nonostante il consiglio del suo professore, seguì la propria strada e divenne pompiere.

Poi accadde una cosa.

Un giorno arrivò alla sua caserma una chiamata. Incidente in autostrada. Una macchina ribaltata, i passeggeri intrappolati dentro. Il ragazzo corse sul posto con la sua unità, la macchina stava per andare a fuoco. Dentro l'abitacolo, il suo vecchio professore con la moglie.

Il ragazzo li estrasse dall'auto, entrambi, pochi secondi prima che l'auto esplodesse.

E questa storia è, alla fine, tutto quello che ho da dire.

POSTFAZIONE
Lettera a uno studente bocciato

«Il mondo spezza tutti quanti e poi molti sono forti nei punti spezzati.»
ERNEST HEMINGWAY, *Addio alle armi*

Eccoti lì,
davanti ai quadri. Ci dovrebbe essere scritto NON AMMESSO ALLA CLASSE SUCCESSIVA O NON AMMESSO AGLI ESAMI.

È probabile che tu adesso ti senta a terra, in un modo che nemmeno ricordavi di aver mai provato. Per lo schifo che ti senti di essere, per la rabbia che provi, per i genitori che senti di aver deluso. Probabilmente non avrai nemmeno voglia di qualcuno che provi a parlarti. Per cui non ti chiedo di leggere queste parole subito. Leggile quando ti sentirai pronto ad ascoltare.

Immagino che tu stia odiando i tuoi professori. O te stesso. O entrambi.

Forse stai pensando che nel decidere così abbiano voluto punirti. O addirittura che l'abbiano fatto perché gli stai antipatico, perché ti hanno preso di mira, perché non ti sopportano. Perché hanno voluto darti "una lezione".

Non lo so com'è andata con te. So come va quando succede a me: quando sono io a bocciare qualcuno. Posso dirti che, almeno per me, non è così che va.

So già che non mi crederai, ma per un insegnante è bruttissimo quando capita di bocciare una studentessa o uno studente. Quando alziamo la mano per votare la non ammissione, stiamo male. Ma sul serio. Per giorni. A volte per *anni.*

Bocciare un ragazzo significa dichiarare di aver fallito. Di non essere riusciti a motivarlo, a fargli venire voglia di dare il meglio di sé, ad appassionarlo. Certo, so bene che un po' anche tu, sì insomma, potevi dare di più. Ma non è solo quello. Non è *mai* solo quello.

Immagino che in questo momento tu non sia molto interessato a quello che provo, ma, se dovessi descrivertelo, è come quando decidi di fare un bel regalo a una persona a cui vuoi bene, magari qualcosa di fatto da te – che ne so, un disegno, un braccialetto fatto a mano – e poi, dopo un po', scopri che quel regalo se ne sta buttato lì dentro un cassetto, mai usato.

Per spiegare la metafora: sì certo, sicuramente potevi sforzarti di più, ma niente riesce a togliermi dalla testa l'idea che se il regalo è finito dentro il cassetto, be', è anche colpa mia che ho sbagliato regalo. Che ne ho fatto uno che non era adatto a te. Che non mi sono impegnato abbastanza per pensare al regalo migliore.

Ecco come mi sento. Ma non solo.

È come quando chiedi a una ragazza di uscire e lei dice: «Sì sì certo, volentieri», e poi non si presenta all'appuntamento; come quando perdi una partita importante; come quando vedi qualcuno sprecare del cibo; come quando vorresti aiutare qualcuno che non vuole il tuo aiuto; come quando costruisci qualcosa e poi quel qualcosa si rompe.

È così che mi sento, ogni volta che un ragazzo viene bocciato.

Per cui ti voglio dire una cosa. Che vale sia per me sia per te.

Il prossimo anno sarai lì, di nuovo. Saremo ancora insieme. Sì lo so, che palle. In classe con quei mocciosi che hanno un anno meno di te.

Abbiamo perso una partita. Tutti e due, abbiamo giocato male. Ma è una partita, non è tutto il campionato. Adesso un anno in più ti sembra un'eternità, e tanti ti diranno che così resti indietro, che sei un perdente, che non capisci niente: ma non è così.

Fra dieci o vent'anni anni nessuno si ricorderà di questa bocciatura. Nessuno si interesserà di quanto tempo ci hai messo a finire le scuole: tutti, invece, vorranno sapere che cosa sei riuscito a imparare, nel tempo che ci hai trascorso.

Che cosa hai capito di te stesso e del mondo. Che cosa saprai fare, anche, ma soprattutto chi saprai essere.

Fra dieci o vent'anni scoprirai che i genitori che adesso temi tanto di aver deluso per sempre non erano davvero delusi: avevano paura. Una paura fottuta. Di non aver saputo fare abbastanza. Di non esserti stati vicini o di esserlo stati troppo. Di aver fallito anche loro insieme a te.

Se qualcuno di loro dovesse essere davvero deluso, fra dieci o vent'anni nemmeno per un secondo ricorderà questa delusione, ma ricorderà per sempre come hai saputo reagire. Che cosa ne hai ricavato. Come l'hai trasformata in forza.

Fra dieci o vent'anni nessuno verrà a chiederti che voti prendevi in italiano, se eri bravo nelle interrogazioni di scienze, se facevi i compiti e come li facevi: verranno invece a chiederti come te la cavi a lavorare a contatto con gli altri, quanto sai essere empatico, quanto sai gestire le difficoltà.

Fra dieci o vent'anni non dovrai spiegare i perché di questa bocciatura: dovrai spiegare in che cosa credi, che cosa vuoi, come vedi il mondo.

Fra dieci o vent'anni non dovrai rendere conto di cosa non hai saputo dare in quest'anno che è appena passato, ma dovrai saper descrivere molto chiaramente che cosa senti di poter dare tu al mondo.

Fra dieci o vent'anni non ci sarà nessuno che vorrà sapere come hai gestito il fallimento che oggi ti distrugge, ma ci saranno molte persone che vorranno vedere come te la cavi di fronte ai piccoli e grandi fallimenti con cui avrai a che fare ogni singolo giorno.

Perché, vedi: andrà esattamente così. Ogni singolo giorno ci sarà qualcosa che andrà storto. Che non andrà come doveva andare. Che finirà male. È così per tutti, anche per quelli che ti sembrano dei vincenti a cui va sempre tutto bene. Anzi, forse, soprattutto per loro.

Lo so, fallire fa schifo.

Te lo dice uno che aveva il sogno di scrivere e si è visto bocciare le sue idee e le sue storie non una, ma centinaia di volte. Ogni volta è un dolore difficile da descrivere. Ogni volta è un colpo che ti butta a terra e ti fa passare per la testa il pensiero che non ti rialzerai mai più.

Ma solo dopo il centesimo rifiuto mi sono reso conto di una cosa a cui non avevo mai pensato: fallire presto, e fallire alla grande, proprio nel mio più grande sogno, è stata una fortuna. Una benedizione, quasi.

Lo so che non ci credi, e se me lo avessero detto anni fa non ci avrei creduto neanch'io.

Fallire è stata una benedizione, sì, perché ero *allenato*: prendere subito delle belle botte, di quelle che il livido ci mette anni ad andarsene, è stata forse la cosa migliore che potesse succedermi, perché poi tutte quelle successive mi hanno fatto male, certo, non dico di no, ma ogni volta ci mettevo sempre un po' meno a rialzarmi e a riprovarci.

C'è una canzone degli Afterhours che dice: «*Il tuo diploma in fallimento è una laurea per reagire*». Ed è esattamente questo che c'è scritto sul tabellone dove adesso leggi che non sei stato ammesso: c'è qualcosa che hai vinto, nel cuore di questa sconfitta. Trovarla, farla vedere al mondo sarà la tua più grande vittoria.

Perché, ricordati: fra dieci o vent'anni nessuno farà caso a quanti anni ci hai messo a finire la scuola, ma tutti guarderanno l'uomo che sarai diventato. E l'uomo che sarai diventato comincia da ora. Da domani mattina, quando ti sveglierai. Comincia dalla voglia di dimostrare chi sei. Dalla consapevolezza che puoi dimostrare a tutti il tuo valore. Comincia da quanta forza sei disposto a mettere sul piatto per realizzare i tuoi sogni.

Io sarò lì, promesso. E vedrai che ce la farai.

Enrico

Dieci palleggi

A proposito degli errori che si ripetono, Freud parla più precisamente di «coazione a ripetere», e lo fa nel suo *Al di là del principio di piacere.* Lo psicologo viennese descrisse questa tendenza a rifare sempre lo stesso errore come «nevrosi di destino» (S. Freud, *Al di là del principio di piacere* in *Tre saggi sulla teoria sessuale. Al di là del principio di piacere*, Bollati Boringhieri, Torino 2012).

L'episodio in cui invece Freud indicò come segreto della felicità *Lieben und Arbeiten* è citato in molti libri, fra cui, per esempio, V. Messori, *Ipotesi su Gesù*, Ares, Milano 2019.

Trovate tutto su Scott Dinsmore e il suo progetto sul sito liveyourlegend.net.

La frase di Henry David Thoreau si trova in *Walden ovvero Vita nei boschi*, Einaudi, Torino 2015.

Il film con Robin Williams, nel caso servisse dirlo, è *L'attimo fuggente* (*Dead Poets Society*, 1989), diretto da Peter Weir.

Il canto del *Paradiso* di Dante citato è l'ottavo. Carlo Martello è un discendente della dinastia d'Angiò, erede al trono di Napoli, morto di peste a soli ventiquattro anni. Dante lo aveva conosciuto durante una visita a Firenze nel 1294.

Po è il protagonista del film d'animazione *Kung Fu Panda* (2008), diretto da Mark Osborne e John Stevenson.

Il bianchetto

Trovate la meravigliosa descrizione della bellezza come imperfezione nel romanzo di B. Pasternak, *Il dottor Živago*, Feltrinelli, Milano 1963.

Per un approfondimento sul *wabi sabi* consiglio la lettura dei libri di T. Navarro, *Wabi Sabi. Scoprire nell'imperfezione la bellezza delle cose*, Giunti, Firenze 2019 e di B. Kempton, *Wabi sabi. La via giapponese a una vita perfettamente imperfetta*, Corbaccio, Milano 2019.

La canzone *Anthem* di Leonard Cohen è contenuta nel disco *The Future*, Columbia Records, 1992.

Il film *Will Hunting – Genio ribelle* (*Good Will Hunting*, 1997), è diretto da Gus Van Sant, con Matt Damon, Ben Affleck e Robin Williams. L'aneddoto sull'improvvisazione della scena è citato nella biografia di Robin Williams scritta da D. Itzkoff, *Robin Williams. Storia di una vita*, Mondadori, Milano 2018, p. 306.

La citazione di Karl Kraus viene da *Detti e contraddetti*, Adelphi, Milano 1992.

L'aneddoto su Ingmar Bergman è tratto dal libro di J. Hillman, *Il codice dell'anima*, Adelphi, Milano 1997. Bergman in persona lo cita in *La lanterna magica*, Garzanti, Milano 2013.

L'episodio su Tolkien è citato in M. Forsyth, *The Elements of Eloquence. How to Turn the Perfect English Phrase*, Icon Books, London 2013.

La citazione di J.K. Rowling viene da *Buona vita a tutti. I benefici del fallimento e l'importanza dell'immaginazione*, Salani, Milano 2017.

Fuori tema

J.D. Salinger è autore del romanzo *The Catcher in the Rye* (1951) pubblicato in italiano prima con il titolo di *Vita da uomo* da Gherardo Casini Editore (1952), poi come *Il giovane Holden* da Einaudi (1961). Il capitolo in cui Holden parla del «fuori tema» è il XXIV.

2001: Odissea nello spazio (*2001: A Space Odyssey*, 1968) è un celeberrimo film di Stanley Kubrick, prodotto dalla Metro-Goldwin-Mayer. Il film è diviso in tre parti: *L'alba dell'uomo*, *Missione Giove* e *Giove e oltre l'infinito*. Nella seconda parte facciamo la conoscenza di un personaggio che è in realtà un ultrasofisticato computer, HAL 9000, al comando dell'astronave diretta verso Giove alla ricerca di tracce di vita aliena. A un certo punto della storia – allarme spoiler, se non lo avete visto – HAL entra in conflitto con l'equipaggio dell'astronave, provocando la morte di diversi componenti e attentando a quella del protagonista, David Bowman, per poi acquisire un grado di sofisticazione che lo porta a esprimere una volontà di sopravvivenza quasi "umana". Nel mio tema di maturità l'intento era dimostrare come perfino la macchina più sofisticata, essendo il prodotto di un'azione e di una volontà umane, sarà sempre umana, troppo umana, e quindi, facendo una similitudine, anche dentro la matematica è possibile ravvisare tracce di umanità e di "poesia". Peccato che per spiegare il concetto impiegai pagine e pagine in cui mi misi a parlare di tutt'altro: ah, se fossi riuscito a spiegarlo così!

Per tutta la vicenda di Steve Jobs e del corso di calligrafia si rimanda invece sia alla sua biografia curata da W. Isaacson (*Steve Jobs*, Mondadori, Milano 2011), sia al suo celebre discorso ai laureati di Stanford del 2005. Quest'ultimo lo potete trovare agevolmente in rete anche in formato video.

Se volete saperne di più sulla storia dei fiumi e del π, vi consiglio la lettura di S. Singh, *L'ultimo teorema di Fermat. L'avventura di un genio, di un problema matematico e dell'uomo che lo ha risolto*, BUR, Milano 2018. Ci potete trovare delle perle come questa: «Nel caso dei fiumi, pi greco è il risultato di una battaglia tra l'ordine e il caos. Einstein fu il primo a suggerire che i fiumi tendono a seguire un percorso sempre più tortuoso perché la corrente, essendo più veloce sulla parte esterna di una curva, produce un'erosione maggiore sulla sponda corrispondente, così che la curvatura in quel punto aumenta. Più accentuata è la curvatura, più forte è la corrente sulla sponda esterna e di conseguenza maggiore è l'erosione. [...] L'equilibrio tra questi due fattori opposti conduce a un rapporto medio che vale pi greco tra l'effettiva distanza in linea retta tra la sorgente e la foce. Il rapporto di pi greco si trova più comunemente in quei fiumi che scorrono attraverso pianure che hanno un dislivello molto tenue, come i fiumi in Brasile o nella tundra siberiana. Pitagora comprese che i numeri erano celati in tutte le cose, dall'armonia musicale alle orbite dei pianeti».

Il successo è un sassolino

L'Adrian citato nel capitolo è ovviamente il mitico Adrian Fartade, divulgatore scientifico, youtuber e scrittore rumeno naturalizzato italiano.

Vivi e imperfetti

A proposito di bambini e matematica, Maria Montessori scrive: «Come tutti, in generale, avevo il pregiudizio che l'aritmetica presentasse grande difficoltà e che fosse assurdo attendersi più del risultato ottenuto in età così precoce. [...] Ora avvenne che alcuni bambini di circa quattro anni fossero attratti da quegli oggetti tanto brillanti [si tratta del materiale del sistema decimale], così facilmente maneggevoli e trasportabili e, con nostra grande sorpresa, incominciarono a usarli, come avevano veduto fare ai più grandi. Ne risultò di conseguenza un tale aumento d'entusiasmo per il lavoro con i numeri e specialmente col sistema metrico decimale, che, a dir vero, gli esercizi aritmetici furono tra i preferiti. I bambini di quattro anni componevano numeri fino a 1000» (*La scoperta del bambino*, Garzanti, Milano 2017).

Se volete scoprire o riscoprire quella meraviglia che è *La favola di Amore e Psiche* non dovete far altro che tuffarvi nel magico mondo di Apuleio e delle *Metamorfosi* (Garzanti, Milano 2008), oppure leggere anche la sola favola, sempre in edizione Garzanti (Milano 2017).

La frase di Calvino è tratta dal decimo capitolo del *Visconte dimezzato*, Mondadori, Milano 2016.

Dopo la virgola, niente «e»

A proposito della famosa regola del sé stesso, ecco cosa dice Luca Serianni quando afferma essere, per esempio, «senza reale utilità la regola di non accentare sé quando sia seguito da stesso o medesimo, giacché in questo caso non potrebbe confondersi con la congiunzione: è preferibile non introdurre inutili eccezioni e scrivere sé stesso, sé medesimo. Va osservato, tuttavia, che la grafia se stesso è attualmente preponderante» (in L. Serianni, *Grammatica italiana. Italiano comune e lingua letteraria*, UTET, Torino 1991).

Come Kafka, ma via Whatsapp

La lettera di Kafka di cui si fa menzione in questo capitolo è la famosa *Lettera al padre* (Garzanti, Milano 2016).

G. Verga, *Fantasticheria*, in G. Verga, *Le novelle*, I, Garzanti, Milano 2008.

La canzone di De André è *Verranno a chiederti del nostro amore*, di G. Bentivoglio, F. De André, N. Piovani, ed è contenuta nell'album *Storia di un impiegato*, Produttori Associati, 1973.

Il Novecento citato in questo capitolo è il protagonista del monologo teatrale di A. Baricco, *Novecento. Un monologo*, Feltrinelli, Milano 2013.

Il verso «ti esce dall'anima come un razzo» viene dalla poesia di Charles Bukowski *E così vorresti fare lo scrittore*, contenuta in *E così vorresti fare lo scrittore?*, Guanda, Milano 2007.

I versi 58-63 del canto XIX del *Paradiso*, in cui Dante fa quella bella similitudine del mare e della riva, sono questi:

Però ne la giustizia sempiterna
la vista che riceve il vostro mondo,
com'occhio per lo mare, entro s'interna;
che, ben che da la proda veggia il fondo,
in pelago nol vede; e nondimeno
èli, ma cela lui l'esser profondo.

Facendone la parafrasi, significa più o meno: *La vista sensibile degli esseri umani penetra nella giustizia divina come l'occhio nel mare; ed esso, anche se da riva vede il fondale, in alto mare non lo vede più; e certo è presente, ma la profondità glielo nasconde.*

Scrubs. Medici ai primi ferri (*Scrubs. Med School*, 2001-2010) è una serie TV ideata da B. Lawrence e trasmessa negli Stati Uniti prima dalla NBC e poi dall'ABC (in Italia da MTv). L'episodio cui si fa riferimento in questo capitolo è *Il mio vecchio* (stagione 1, episodio 19).

Se e nonostante

Trovate la poesia *Nostalgia del presente* nel volume J.L. Borges, *Tutte le opere*, Mondadori, Milano 1985. Anzi, visto che ci siamo e visto che è molto bella, ve la metto qui.

In quel preciso momento l'uomo si disse:

che cosa non darei per la gioia
di stare al tuo fianco in Islanda
sotto il gran giorno immobile
e condividere l'adesso
come si condivide la musica
o il sapore di un frutto.
In quel preciso momento
l'uomo stava accanto a lei in Islanda.

L'incantevole Creamy

Come mai è una canzone di Max Pezzali e Mauro Repetto, meglio conosciuti come 883, compresa nell'album *Nord Sud Ovest Est* (Fri Records, 1993).

L'incantevole Creamy è un anime giapponese (*Mahō no tenshi Kurīmī Mami*, 1983-1984) trasmesso da Italia Uno per la prima volta nel 1985.

Madame Bovary è il più celebre romanzo dello scrittore francese Gustave Flaubert (Garzanti, Milano 2014).

Le farfalle e il giardino

La poesia di Mário Quintana ha una storia più complicata e non sono riuscito a trovare l'edizione originale. A ogni modo, il titolo originale è *Borboletas* (Farfalle) e la poesia (che più che altro è una poesia in prosa) con la traduzione dal portoghese di M. D'Agostino è questa:

> Quando poniamo molta fiducia o aspettative in una persona, il rischio di una delusione è grande.
> Le persone non esistono in questo mondo per soddisfare le nostre aspettative così come noi non siamo qui per soddisfare le loro.
> Dobbiamo bastare… dobbiamo bastare a noi stessi sempre e quando vogliamo stare con qualcuno dobbiamo essere consapevoli che stiamo insieme perché ci piace, lo vogliamo e stiamo bene, giammai perché abbiamo bisogno di qualcuno.
> Una persona non ha bisogno dell'altra, esse si completano… non per essere due metà, ma per essere un intero, disposte a condividere obiettivi comuni, gioia e vita.

Nel corso del tempo, ti rendi conto che per essere felice con un'altra persona, è necessario, in primo luogo, che tu non abbia bisogno di questa persona.
Comprendi anche che la persona che ami (o pensi di amare) e che non vuole condividere niente con te, sicuramente, non è l'uomo o la donna della tua vita.
Impari a volerti bene, a prenderti cura di te stesso e principalmente a voler bene a chi ti vuole bene.
Il segreto non è prendersi cura delle farfalle, ma prendersi cura del giardino, affinché le farfalle vengano da te.
Alla fine troverai non chi stavi cercando, ma chi stava cercando te.

La canzone di De André citata in questo capitolo è di nuovo *Verranno a chiederti del nostro amore.*

Il racconto di Dino Buzzati *I sette messaggeri* è il primo della raccolta *La boutique del mistero,* Mondadori, Milano 1968.

Noi siamo infinito

Noi siamo infinito (*The Perks of Being a Wallflower,* 2012) è diretto da Stephen Chbosky, che è anche autore del romanzo da cui il film è tratto (tradotto in Italia prima con il titolo *Ragazzo da parete* da Frassinelli, Milano 2006, poi riedito da Sperling & Kupfer con il titolo *Noi siamo infinito. Ragazzo da parete,* Milano 2016).

Il re leone (*The Lion King,* 1994) è un film d'animazione della Disney diretto da Roger Allers e Rob Minkoff.

Parlando di ansia, Kierkegaard ha scritto nel 1844 un trattato che indaga questo sentimento dal punto di vista filosofico: *Il concetto dell'angoscia,* SE, Milano 2007.

L'episodio del bambino che voleva fare il pompiere è riportato in K. Robinson, *Fuori di testa. Perché la scuola uccide la creatività,* Erickson, Trento 2015.

INDICE